Horoskop Zw
2025

Der vollständige astrologische Leitfaden
für Ihr Tierkreiszeichen

TEMPLUM DIANAE
- MEDIA -

Herausgegeben von: Templum Dianae Media.
Illustrationen und Umschlag von: "Templum Dianae Media"
Layout und Formatierung von: "Templum Dianae Media"
Rückseite und Einleitung bearbeitet von: "Templum Dianae Media"

Inhalt inklusive

Herzlichen Glückwunsch zum Erhalt dieses Buches!
Wenn Sie mehr Liebe und Fülle anziehen und manifestieren und Themen und Spiritualität entdecken möchten, treten Sie der Templum Dianae Gemeinschaft bei und erhalten Sie geführte Meditations-MP3s, um Ihr inneres Selbst zu erwecken.

Diese geführte Meditation dient dazu, Ihren inneren Traum im Alltag zu manifestieren.

Folgen Sie diesem Link
templumdianae.com/de/bookmp3/

WENN SIE NICHT WISSEN TEMPLUM DIANAE

Fühlen Sie sich verloren, abgekoppelt von Ihrer tiefsten Essenz?

Sie haben alles versucht: Meditation, Yoga, spirituelle Lektüre. Doch die innere Leere bleibt bestehen. Beziehungen kommen nicht in Schwung, Geld scheint sich Ihnen zu entziehen, und Gelassenheit ist eine ferne Fata Morgana.

Es ist an der Zeit, das Problem nicht länger zu umschiffen, sondern es direkt anzugehen.

Willkommen bei *Templum Dianae*, dem Ort, an dem Frauen zu ihrer authentischen Kraft erwachen. Unser Blog wurde 2013 in Italien geboren und wird **von Hexen für Hexen** geschrieben. Wir verstecken uns nicht hinter schönen Worten oder eitlen Versprechungen. Wir sind hier, um dich aufzurütteln, dich zu provozieren, dich über deine Grenzen zu bringen.

Warum sollten Sie sich mit einem mittelmäßigen Leben zufrieden geben, wenn Sie alles haben können, was Sie wollen?

Jeden Monat kommen über **247.000 Menschen** über alle unsere Kanäle mit unseren Materialien in Kontakt. *Templum Dianae Media* ist das pulsierende Herz dieser Bewegung, ein Verlagsprojekt, das jedes Jahr Hunderte von Büchern in über **6 Sprachen** veröffentlicht. Von revolutionären neuen Texten bis hin zu Wiederveröffentlichungen alter Grimoires bieten wir mächtige Werkzeuge, um Ihre Realität zu verändern.

Es ist nicht nur Theorie. Es ist Praxis, Aktion, Transformation.

Das sagen einige Frauen, die dank uns ihr Leben verändert haben:

"*Dank Templum Dianae habe ich echte Liebe in mein Leben gezogen. Toxische Beziehungen gehören der Vergangenheit an.*" - **Sara M.**

"*Die wirtschaftlichen Manifestationstechniken funktionieren wirklich. Ich habe mein Bankkonto wachsen sehen wie nie zuvor.*" - **Luisa D.**

"*Ich habe mich wiedergefunden. Die Verbindung mit meiner inneren Kraft ist unzerstörbar geworden.*" - **Elena F.**

Sind Sie bereit, nicht mehr zu überleben, sondern wirklich zu leben?

Dieses Buch ist nichts für Zartbesaitete. Es ist für diejenigen, die bereit sind, ohne Filter in den Spiegel zu schauen, ihren Schatten anzunehmen und ihn in Licht zu verwandeln.

Verschwenden Sie keine Zeit mehr. Jede Seite, die Sie lesen, ist ein Schritt auf dem Weg zu der starken Frau, die Sie sein sollen.

Die Reise beginnt jetzt. Sind Sie dabei?

INDEX

Inhalt

VON DEN STERNEN GEKÜSST

Seit Tausenden von Jahren sind die Menschen von den Sternen und Planeten fasziniert. Aber kommen wir auf den Punkt: Der wahre Nervenkitzel besteht nicht nur darin, den Kosmos zu verstehen, sondern die Geheimnisse des eigenen Lebens zu entdecken und die Kontrolle über die eigene Liebesreise zu übernehmen.

Und wissen Sie was? Die Astrologie ist Ihr VIP-Pass.

Ihr persönliches Horoskop 2025 ist Ihr Wegweiser voller astrologischer Weisheit, die Ihnen helfen wird, das Jahr optimal zu nutzen. Es geht nicht nur um vage Vorhersagen. Es geht um echte, persönliche Erkenntnisse, die es Ihnen ermöglichen, Ihr Leben wie ein Profi zu meistern.

Zu jedem Sternzeichen gibt es ein Persönlichkeitsprofil, einen Ausblick auf die Trends des Jahres 2025 und einen monatlichen Leitfaden. Sie kennen nicht alle astrologischen Begriffe? Keine Sorge: Das Glossar hilft Ihnen weiter.

Einer der besten Teile? Die "besten" und "stressigsten" Tage, die zu Beginn jeder monatlichen Prognose aufgeführt sind. Sie sind Ihre geheimen Werkzeuge. Markieren Sie die guten Tage im Kalender: Sie sind Ihre goldenen Gelegenheiten für Erfolg in Geld, Liebe und mehr. Und die stressigen Tage? Betrachten Sie

sie als Ihre "Bleiben Sie im Bett und sehen Sie sich Filme in Wiederholung an"-Warnungen.

Im Abschnitt "Haupttendenzen" finden Sie die Daten, an denen Ihre Energie hoch oder niedrig ist und an denen Ihre Beziehungen vielleicht mehr Aufmerksamkeit benötigen. Wenn es schwierig wird, lesen Sie den Abschnitt "Auf einen Blick" in Ihrem Persönlichkeitsprofil. Wenn Sie das Metall oder den Edelstein Ihres Sternzeichens tragen oder sich in der Farbe Ihres Sternzeichens kleiden, kann Ihnen das einen zusätzlichen Schub geben.

Aber halt, da ist noch mehr! In diesem Buch geht es nicht nur darum, sich selbst zu verstehen, sondern es ist auch ein Leitfaden, um das Verhalten Ihrer Freunde, Kollegen, Partner und sogar Ihrer Kinder zu verstehen. Indem Sie ihre Persönlichkeitsprofile und Vorhersagen lesen, erhalten Sie eine Superkraft: Sie wissen, wann Sie geduldig sein müssen und wann Sie ihre mürrischen Tage vermeiden sollten.

Betrachten Sie mich als Ihren persönlichen Astrologen, der Ihr Sonnenhoroskop untersucht, um Ihr Leben, Ihre Ziele und Ihre Herausforderungen zu verstehen. Dieses Buch ist so, als hätten Sie mich auf Kurzwahl.

Meine Hoffnung für Ihr persönliches Horoskop 2025? Möge es Ihr Leben erhellen, die rauen Kanten glätten und Sie auf magische Weise mit dem Universum verbinden. Nutzen Sie diese Erkenntnisse weise und denken Sie daran: Die Sterne können Sie leiten, aber Sie treffen die endgültigen Entscheidungen.

Haben Sie sich jemals gefragt, wie es wohl wäre, von den Sternen geküsst zu werden? Stellen Sie sich vor, Sie hätten das Handbuch des Universums und wüssten, wann Sie handeln, wann Sie warten und wann Sie alle um sich herum beeindrucken sollten. Das ist es, was die Astrologie bietet: einen Schlüssel zur Entfaltung der Fülle und zur Beherrschung Ihres Liebeslebens. Vergessen Sie willkürliches Rätselraten. Wenn Sie im Einklang mit den Planeten sind, lassen Sie sich nicht einfach durchs Leben treiben, sondern reiten auf einer Welle kosmischer Weisheit zum Erfolg.

Astrologie ist nicht nur etwas für Träumer, sondern auch für intelligente Frauen, die die Macht des Universums nutzen wollen, um zu bekommen, was sie wollen. Möchten Sie wissen, wann Sie das große Projekt in Angriff nehmen oder mit dem faszinierenden Fremden flirten sollten? Die Sterne halten Ihnen den Rücken frei. Sie funkeln nicht nur zum Spaß: Sie sind Ihre kosmischen Berater, die Ihnen sagen, wann der beste Zeitpunkt für Liebe, Geld und mehr ist. Und seien wir mal ehrlich: Wer wünscht sich nicht eine kleine Warnung, wenn es schwierig wird? Mit der Astrologie können Sie die schwierigen Zeiten vermeiden und die ruhigeren Zeiten überstehen. Betrachten Sie die Astrologie als Ihr persönliches GPS, das Sie nicht nur von Punkt A nach Punkt B führt, sondern auch zu einem Leben voller Leidenschaft, Wohlstand und unvergesslicher Momente.

Warum also im Dunkeln stolpern, wenn die Sterne dir den Weg leuchten können? Es ist an der Zeit, dein Schicksal anzunehmen, mit den Planeten zu tanzen und dein Leben von den Sternen küssen zu lassen.

Der Weg der Sonne

In der modernen Astrologie geht es darum, **dem Weg der Sonne zu folgen**. Stellen Sie sich die Sonne als das GPS Ihres Lebens vor, das Sie durch die Höhen und Tiefen eines jeden Jahres führt. Die Sonne wandert durch die 12 Tierkreiszeichen, verbringt etwa einen Monat in jedem von ihnen und beleuchtet die verschiedenen Aspekte Ihres Lebens.

Wenn Sie den **Lauf der Sonne** verstehen, können Sie die besten Zeiten für die Liebe, die Karriere und sogar für die Einnahme einer Entspannungspille vorhersagen.Historisch gesehen war die Astrologie ein Werkzeug für Könige, Königinnen und das einfache Volk, um die Welt zu verstehen.

Die alten Babylonier, Griechen und Römer nutzten die Sterne, um vom Wetter bis zu Kriegen alles vorherzusagen. Heute schauen wir weiterhin nach oben, aber jetzt geht es darum, die Sterne zu nutzen, um unser Liebesleben und unser persönliches Wachstum zu steuern.

Kenne dein Zeichen, kenne seine Geheimnisse

Dieses Buch ist der ultimative Leitfaden für alle 12 Tierkreiszeichen. Egal, ob Sie ein feuriger Widder oder ein verträumter Fisch sind, hier finden Sie die Schlüssel zu Ihrem persönlichen Königreich.

Und das Tolle daran ist, dass es nicht nur um Sie geht. Möchten Sie wissen, warum Ihr Zwillingsfreund nicht stillsitzen kann oder warum Ihr Skorpion-Liebhaber so intensiv ist?

Dieses Buch verrät Ihnen alle Geheimnisse. **Ein perfektes Geschenk!** Betrachten Sie dieses Buch als ein Faltblatt, das Ihnen hilft, alle Menschen um Sie herum zu verstehen.

Es ist wie ein kosmischer Decoderring. Ideal als Geschenk für die besondere Person, die immer versucht, Menschen zu verstehen. *Stellen Sie sich vor, Sie geben Ihrem Freund die Macht, die Stimmungsschwankungen seines Chefs oder die romantischen Neigungen seines Partners vorherzusagen.* Das ist ein Geschenk, das nicht aufhört zu geben! Also, meine Damen, nehmen Sie dieses Buch, tauchen Sie ein in die Geheimnisse der Sterne und übernehmen Sie die Kontrolle über Ihre Gefühlsreise.

Warum im Dunkeln tappen, wenn man sich darauf verlassen kann, dass die Sterne einem den Weg leuchten?

ASTROLOGIE VERSTEHEN

Aszendent Tag und Nacht gibt es, weil sich die Erde alle 24 Stunden dreht. Dadurch gehen die Sonne, der Mond und die Planeten scheinbar auf und unter. Der Tierkreis ist ein festes Band um die Erde. Wenn sich die Erde dreht, erscheinen die verschiedenen Tierkreiszeichen am Horizont. Das Zeichen, das sich zu einem bestimmten Zeitpunkt am Horizont befindet, wird Aszendent oder aufsteigendes Zeichen genannt. Es ist alles eine Frage des Selbstbildes und des persönlichen Egos.

Aspekte sind die Winkel zwischen den Planeten, die zeigen, wie sie sich gegenseitig beeinflussen. Ein **harmonischer Aspekt** bedeutet, dass die Planeten gut zusammenarbeiten. **Ein stressiger Aspekt** bedeutet, dass sie aufeinanderprallen. *Stellen Sie sich zwei Kollegen vor, die sich gegenseitig helfen oder ärgern.*

Astrologische Qualitäten Es gibt drei **astrologische** Qualitäten: **kardinal**, **fix** und **veränderlich**. Jedes Sternzeichen fällt unter eine dieser Qualitäten.

Kardinale Zeichen: Widder, Krebs, Waage, Steinbock. Sie initiieren die Dinge. *Sie sind diejenigen, die die Dinge in Gang bringen.*

Fixe Zeichen: Stier, Löwe, Skorpion, Wassermann. Sie sind stabil und beharrlich. *Sie gehen den ganzen Weg.*

Veränderliche Zeichen: Zwillinge, Jungfrau, Schütze, Fische. Sie passen sich an und verändern sich. *Kreativ, aber manchmal unpraktisch.*

Direkte Bewegung Wenn Planeten sich vorwärts durch den Tierkreis bewegen, wie sie es normalerweise tun, gehen sie "direkt".

Großes Quadrat Bei einem **großen Quadrat** bilden vier oder mehr Planeten ein vollständiges Quadrat. Es ist anstrengend, bringt aber neue Entwicklungen mit sich. *Es ist, als ob man vier Jobs auf einmal jongliert.*

Großes Trigon Ein **großes Trigon** besteht aus drei oder mehr Planeten, die ein Dreieck bilden. Es ist normalerweise in einem Element zu finden (Feuer, Erde, Luft, Wasser) und bringt viel Glück. Stellen Sie sich vor, Sie finden einen 100-Dollar-Schein auf dem Bürgersteig.

Häuser Die 12 Tierkreiszeichen werden durch 12 Häuser ausgedrückt, die jeweils einen Lebensbereich repräsentieren.

1. Haus: Selbstdarstellung und Sinnesfreuden

2. Haus: Geld/Finanzen

3. Haus: Kommunikation und intellektuelle Interessen

4. Haus: Heim und Familie

5. Haus: Kinder, Spaß, Spiel, Kreativität, Vergnügen und Liebesbeziehungen

6. Haus: Gesundheit und Arbeit

7. Haus: Liebe, Ehe und soziale Aktivitäten

8. Haus: Transformation, Regeneration, Ängste und Befürchtungen

9. Haus: Auslandsreisen, höhere Bildung und spirituelle Philosophie

10. Haus: Karriere und Erbe

11. Haus: Freunde, Gruppenaktivitäten und gute Wünsche

12. Haus: Spiritualität, geistige Gesundheit und Wohlbefinden

Karma Karma ist das Gesetz von Ursache und Wirkung. Was du jetzt tust, beeinflusst deine Zukunft. *Tue Gutes und Gutes wird geschehen.*

Langfristige Planeten Planeten, die lange Zeit in einem Zeichen verbleiben und langfristige Tendenzen aufweisen.

Jupiter: 1 Jahr

Saturn: 2½ Jahre

Uranus: 7 Jahre

Neptun: 14 Jahre

Pluto: 15 bis 30 Jahre

Lunar Alles über den Mond. Siehe auch **Mondphasen**.

Natal bedeutet "Geburt". Die Geburtssonne ist die Position der Sonne zum Zeitpunkt der Geburt. Die Transitsonne ist der Ort, an dem sich die Sonne jetzt befindet.

Nord- und Südknoten Punkte, an denen sich die Umlaufbahn des Mondes mit der der Erde schneidet. Der Nordknoten bedeutet eine Zunahme, der Südknoten eine Abnahme.

Außerhalb der Grenzen Wenn sich ein Planet über die Grenzen der Sonne hinaus bewegt, befindet er sich **außerhalb der Grenzen**. Er wird einflussreicher. Er ist wie ein Rebell, der die Regeln bricht.

Phasen des Mondes Nach dem Vollmond wird er bis zum Neumond kleiner (abnehmend). Dann wird er bis zum nächsten Vollmond größer (Sichel).

Planetenherrscher Jedes Tierkreiszeichen wird von einem Planeten beherrscht. *Zum Beispiel wird der Widder von Mars regiert.*

Widder: Mars

Stier: Venus

Zwillinge: Merkur

Krebs: Der Mond

Löwe: Die Sonne

Jungfrau: Merkur

Waage: Venus

Skorpion: Mars (traditionell); Pluto (modern)

Schütze: Jupiter

Steinbock: Saturn

Wassermann: Saturn (traditionell); Uranus (modern)

Fische: Jupiter (traditionell); Neptun (modern)

Retrogrades Wenn sich Planeten am Himmel rückwärts zu bewegen scheinen. Dadurch werden ihre üblichen Wirkungen abgeschwächt. *Merkur rückläufig ist berüchtigt für Kommunikationsprobleme.*

Kurzzeitplaneten Diese Planeten bewegen sich schnell in den Zeichen und zeigen kurzfristige Tendenzen.

Mond: 2 ½ Tage

Quecksilber: 20 bis 30 Tage

Sonne: 30 Tage

Venus: etwa 1 Monat

Mars: etwa 2 Monate

T-Quadrat Bei einem T-Quadrat bilden drei Planeten eine T-Form. Es ist stressig und bringt Lernerfahrungen mit sich. *Betrachten Sie es als eine harte Lektion, die Sie lernen müssen.*

Transite Die aktuellen Bewegungen der Planeten. *Wenn Saturn zum Beispiel im Krebs stand, als du geboren wurdest, aber jetzt in deinem 3. Haus steht, ist er in deinem 3.*

DAS NEUE JAHR AUF EINEN BLICK

Dem neuen Mondkalender entnommen

Der Januar beginnt am 3. Januar mit der Mondsichel im Wassermann, einer Zeit, in der der Mond zu Innovationen anregt und uns auffordert, über den Tellerrand hinauszuschauen. Gleichzeitig verankert uns die Sonne im Steinbock im Pragmatismus und hilft uns, diese neuen Ideen mit Disziplin umzusetzen. Am 6. Januar verstärkt der erste Viertelmond im Widder den Handlungsbedarf, während die Sonne im Steinbock bleibt und die nötige Stabilität bietet, um kühne Herausforderungen mit Weisheit anzugehen. Der Vollmond im Krebs am 13. Januar, während die Sonne jetzt im Wassermann steht, verstärkt unsere Gefühle und die Bedeutung von Heim und Familie in einem Monat, der mit dem Gegensatz zwischen Herz und Verstand abschließt.

Im Februar steht die Mondsichel am 1. Februar in den Fischen und bringt eine Welle von Einsichten und tiefen Träumen, während die Sonne im Wassermann uns anspornt, diese Visionen mit der Gemeinschaft zu teilen.

Am 12. Februar erstrahlt der Vollmond in Löwe und fordert uns auf, mit Stolz zum Ausdruck zu bringen, wer wir sind, während die Sonne, die noch im Wassermann steht, uns auffordert, unseren Individualismus mit unserem Beitrag zum Kollektiv in Einklang zu bringen. Der Neumond in den Fischen am 28.

Februar, mit der Sonne in den Fischen, besiegelt einen Moment des spirituellen Wachstums und neuer emotionaler Perspektiven.

Der März beginnt mit der Mondsichel in Widder am 3. März, die in Synergie mit der Sonne in Fische steht und einen Tanz zwischen Impulsivität und Intuition erzeugt. Am 14. März erinnert uns der Vollmond in Jungfrau daran, auf unsere Gesundheit und die Details des täglichen Lebens zu achten, während die Sonne in Fische den Fokus auf spirituelle Verbindung und ganzheitliches Wohlbefinden richtet. Der Monat endet mit dem Neumond in Widder am 29. März, einem kraftvollen Moment der Wiedergeburt, der von der Energie der Sonne in Widder unterstützt wird, die zu entschlossenem Handeln und persönlichem Durchsetzungsvermögen drängt.

Der April beginnt mit der Mondsichel in Stier am 1. April, die den Wunsch nach materieller Stabilität beleuchtet, während die Sonne in Widder uns weiterhin anspornt, mutige Entscheidungen zu treffen. Am 13. April hebt der Vollmond in Waage das Gleichgewicht in Beziehungen hervor, wobei die Sonne weiterhin in Widder steht und uns daran erinnert, unsere Individualität zu bewahren, während wir harmonische Bindungen aufbauen. Der Neumond in Stier am 27. April, wenn die Sonne gerade in den Stier eintritt, ist ein idealer Zeitpunkt, um Vorsätze für finanzielle Sicherheit und Verwurzelung zu fassen.

Der **Mai** beginnt mit der Mondsichel in Zwillinge am 1. Mai, wenn Neugier und Kommunikation auf dem Höhepunkt sind, und die Sonne in Stier lädt uns ein, dieses neue Wissen zu nutzen, um eine solide Grundlage zu schaffen. Am 12. Mai dringt der Vollmond in Skorpion tief in unsere Gefühle ein, während die Sonne in Stier uns hilft, Ruhe zu bewahren und das, was dabei herauskommt, zu verarbeiten. Am 27. Mai eröffnet der Neumond in Zwillinge, unterstützt von der Sonne in Zwillinge, neue Möglichkeiten zum Lernen und für soziale Kontakte.

Der Juni bringt mit dem ersten Viertelmond in Jungfrau am 3. Juni eine Konzentration auf Produktivität, während die Sonne in Zwillinge unsere Neugierde am Leben erhält. Am 11. Juni lädt uns der Vollmond in Schütze dazu ein, nach der Wahrheit und dem Abenteuer zu suchen, während die Sonne weiterhin in Zwillinge steht und uns dazu anregt, neue Ideen zu erkunden. Der Monat endet mit dem Neumond in Krebs am 25. Juni, wobei die Sonne in den Krebs eintritt und uns an die Bedeutung von Gefühlen und Familienbanden erinnert.

Im Juli steht am 2. Juli das erste Quartal in der Waage. Der Mond lädt uns ein, unsere Beziehungen ins Gleichgewicht zu bringen, während die Sonne im Krebs das Bedürfnis nach emotionaler Sicherheit unterstreicht. Am 10. Juli beleuchtet der Vollmond im Steinbock den beruflichen Erfolg, während die Sonne im Krebs uns daran erinnert, ein Gleichgewicht zwischen Beruf und Familie zu wahren. Der Monat endet mit dem Neumond in Löwe am 24. Juli, wobei die Sonne in den Löwen eintritt und eine Zeit des kreativen Ausdrucks und der Führung schafft.

Der August beginnt mit dem ersten Quartal in Skorpion am 1. August, das uns emotionale Tiefe und Konzentration bringt, während die Sonne in Löwe darauf drängt, ihre Wahrheit kraftvoll auszudrücken. Am 9. August beleuchtet der Vollmond in Wassermann unseren Platz in der Gemeinschaft, wobei die Sonne in Löwe uns dazu auffordert, authentisch zu bleiben und gleichzeitig zum Gemeinwohl beizutragen. Der Neumond in Jungfrau am 23. August, bei dem die Sonne in die Jungfrau eintritt, fordert uns auf, Vorsätze für praktische Verbesserungen und Selbstfürsorge zu fassen.

Der September beginnt mit dem Vollmond in Fische am 7. September, der die spirituellen Verbindungen verstärkt, während die Sonne in Jungfrau uns einlädt, diese Erfahrungen zu erden. Am 21. September bietet der Neumond in Jungfrau, unterstützt von der Sonne in Jungfrau, eine perfekte Gelegenheit, gesunde Routinen und Gewohnheiten zu verfeinern.

Der Oktober beginnt mit dem Vollmond im Widder am 7. Oktober, der uns zu persönlichem Handeln anspornt, während die Sonne in der Waage uns ermutigt, in unseren Beziehungen das Gleichgewicht zu suchen. Am 21. Oktober bietet der Neumond in Waage, während die Sonne weiterhin in der Waage steht, einen Neuanfang in Beziehungen, der sich auf Harmonie konzentriert.

Der November bringt am 5. November den Vollmond im Stier, der das Bedürfnis nach materieller Stabilität hervorhebt, während die Sonne im Skorpion uns auffordert, uns den Tiefen unseres Wesens zu stellen. Am 20. November markiert der Neumond im Skorpion, während die Sonne noch im Skorpion steht, eine Zeit der inneren Transformation.

Der Dezember schließt das Jahr mit dem Vollmond in Zwillinge am 4. Dezember, der zu offener Kommunikation anregt, während die Sonne in Schütze uns auffordert, über den Horizont hinauszuschauen. Am 20. Dezember ebnet der Neumond in Schütze den Weg für neue Abenteuer und eine expansive Vision für die Zukunft.

ZWILLINGE

♊

Geburtstage 21. Mai bis 20. Juni

GEMINI AUF EINEN BLICK

- Element - Luft
- REGIERENDER PLANET - Merkur
- Karriereplanet - Neptun
- Planet der Liebe - Jupiter
- Planet Money - Mond
- Planet der Gesundheit und der Arbeit - Pluto
- Planet des Hauses und des Familienlebens - Merkur

Totem - der Trendsetter
Farben - gelb, gelb-orange
Farben, die der Liebe, der Romantik und der sozialen Harmonie förderlich sind - himmelblau
Farben, die dem Geldverdienen förderlich sind - grau, silber
Edelsteine - Achat
Metall - Quecksilber
Düfte - Lavendel, Flieder, Maiglöckchen, Storax
Qualität - wandelbar (= Flexibilität)
Qualität, die für das Gleichgewicht am meisten gebraucht wird - tiefes statt oberflächliches
Denken Stärkste Tugenden - große Kommunikationsfähigkeit, schnelles und bewegliches Denken, Fähigkeit, schnell zu lernen
Tiefstes Bedürfnis: Kommunikation
Zu vermeidende Eigenschaften: Klatsch, raue Sprache, Oberflächlichkeit, Verwendung von Worten zur Irreführung oder Fehlinformation
Zeichen
der größten allgemeinen
Kompatibilität - Waage, Wassermann
Zeichen der größten allgemeinen Unverträglichkeit - Jungfrau, Schütze,
Fische-Zeichen am nützlichsten für die Karriere -
Fische-Zeichen am nützlichsten für emotionale Unterstützung -
Jungfrau-Zeichen am nützlichsten in finanzieller Hinsicht -
Krebs-Zeichen am geeignetsten für die Ehe und/oder Beziehungen -
Schütze-Zeichen am nützlichsten für kreative Projekte - Waage-Zeichen
am besten für Spaß -
Waage-Zeichen am nützlichsten in spirituellen Angelegenheiten - Stier, Wassermann
Bester Tag der Woche - Mittwoch

Der Mythos des Tierkreiszeichens Zwillinge

Ah, Zwillinge, die schönen Zwillinge des Tierkreises. Ihre Geschichte handelt von brüderlicher Liebe, Abenteuern und Unsterblichkeit - ein Mythos, der ihr duales Wesen und ihre unstillbare Neugierde perfekt einfängt.

Also, schnallen Sie sich an und tauchen Sie ein in die Legende von Castor und Pollux, dem dynamischen Originalduo.

Castor und Pollux waren die Söhne von Leda, der Königin von Sparta. Aber es wird interessant: Sie hatten unterschiedliche Väter. Castors Vater war Lindarus, Ledas sterblicher Ehemann, was ihn sehr menschlich macht. Pollux hingegen war der Sohn von Zeus, dem König der Götter, der Leda in Gestalt eines Schwans verführte (warum auch nicht?).

Diese göttliche Vaterschaft verlieh Pollux Unsterblichkeit, während Kastor sterblich blieb.

Die Zwillinge waren von Anfang an unzertrennlich. Sie zeichneten sich durch unterschiedliche Fähigkeiten aus: Castor war berühmt für seine Fähigkeit, Pferde zu zähmen, und Pollux für seine Boxkünste. Gemeinsam erlebten sie zahlreiche Abenteuer, unter anderem schlossen sie sich Jason und den Argonauten auf ihrer Suche nach dem Goldenen Vlies *an - der ultimative Buddy-Cop-Film, nur eben im antiken Griechenland und mit noch mehr epischen Schlachten und göttlichem Eingreifen.*

Doch wie jede gute Geschichte hat auch diese eine Wendung, und ihr enges Band wurde auf eine harte Probe gestellt. Während eines Kampfes um das Vieh eines rivalisierenden Clans wurde Castor tödlich verwundet. Pollux, am Boden zerstört durch den drohenden Verlust seines Bruders, konnte den Gedanken, ohne ihn zu leben, nicht ertragen. In einer herzlichen Bitte flehte Pollux Zeus an, ihm zu erlauben, seine Unsterblichkeit mit Castor zu teilen.

Zeus, gerührt von Pollux' Treue und Liebe, bot einen Kompromiss an. Er erlaubte Pollux, seine Unsterblichkeit mit Kastor zu teilen, unter der Bedingung, dass sie die Hälfte ihrer Zeit in der Unterwelt und die andere Hälfte im Olymp verbringen.

Auf diese Weise könnten sie für immer zusammen sein, auch wenn dies bedeutete, dass sie immer wieder Leben und Tod erleben müssten.

So wurde aus den Brüdern das Sternbild Zwillinge, das als Symbol für ihre unverbrüchliche Verbindung gemeinsam am Nachthimmel leuchtet.

Ihre Geschichte unterstreicht die Themen Dualität, Loyalität und das Zusammenspiel von Sterblichen und Göttlichen - die Essenz der komplexen und vielschichtigen Persönlichkeit der Zwillinge.

Wenn Sie also das nächste Mal das Sternbild betrachten, denken Sie an die Geschichte von Castor und Pollux, eine Geschichte von brüderlicher Liebe, die die Grenzen von Leben und Tod überschreitet. Es ist kein Wunder, dass der Zwilling mit seiner dualen Natur und seiner grenzenlosen Neugierde in diesem Zeichen geboren wurde.

Zwillinge verstehen

Die Zwillinge sind wie das Nervensystem der Gesellschaft: Sie sind immer in Aufruhr und übermitteln Informationen mit Lichtgeschwindigkeit. So wie die Nerven die Informationen, die sie transportieren, nicht bewerten, geben die Zwillinge weiter, was sie sehen, hören oder lesen, ohne zu urteilen. Das macht sie zu fabelhaften Kommunikatoren, aber es bedeutet auch, dass sie in der Lage sind, sowohl die Wahrheit als auch ungeheuerlichen Klatsch und Tratsch mit gleichem Eifer zu verbreiten.

Betrachten Sie sie als die Klatschblätter des Tierkreises: immer informiert, immer bereit, etwas mitzuteilen, aber manchmal ein wenig zu frei mit den Fakten.

Zwillinge werden mit der Gabe des Redens geboren. Sie können über alles reden, überall und jederzeit. Für sie ist ein gutes Gespräch besser als jede Party. Sie sind der Inbegriff von Lehrern, Schriftstellern, Medienmagnaten und Marketingexperten, dank ihres herrschenden Planeten Merkur, der für Kommunikation und Intellekt zuständig ist.

Sind Sie schon einmal jemandem begegnet, der von allem ein bisschen zu wissen scheint? Das ist die Magie der Zwillinge.

Zwillinge sehnen sich nach geistiger Anregung. Wenn man ihnen ihre Bücher, Zeitschriften und ihre Fähigkeit zu plaudern wegnimmt, hat man in ihren Augen ein Verbrechen begangen. Sie lernen ein Leben lang, ihr Geist ist voller Neugier, Anekdoten, Neuigkeiten und zufälliger Fakten. Sie können über jedes erdenkliche Thema diskutieren und sind oft ausgezeichnete Politiker oder Redner.

Sie könnten einem Eskimo Eis verkaufen, so beeindruckend ist ihre verbale Gewandtheit.

Ihre zwiespältige Natur, symbolisiert durch die Zwillinge, bedeutet, dass sie in einem Moment herrlich charmant und im nächsten frustrierend inkonsequent sein können. Aber das ist Teil ihres Charmes. Sie halten einen auf Trab und man fragt sich immer, was sie als nächstes Faszinierendes erzählen werden.

Kurz gesagt, wenn Sie sich ein Leben voller lebhafter Gespräche, endlosem Lernen und einem Partner wünschen, der über alles Mögliche reden kann, ist der Zwilling Ihr idealer Partner. Denken Sie nur daran, Schritt zu halten, denn ihr Verstand bewegt sich mit Lichtgeschwindigkeit!

Finanzen

Zwillinge konzentrieren sich auf den Reichtum an Wissen und Ideen, nicht nur auf materiellen Reichtum. Sicher, sie fühlen sich in Berufen wie dem Schreiben, Unterrichten, Verkaufen und Journalismus wohl - nicht immer die bestbezahlten, aber wen kümmert schon Geld, wenn man reich an Wissen ist, oder? Für einen Zwilling ist es undenkbar, seine intellektuellen Bedürfnisse für sein Gehalt zu opfern. Diese intelligenten Menschen versuchen, Verstand und Geld zu verbinden. Da der Krebs auf dem solaren Scheitelpunkt des 2. Hauses des Geldes steht, können die Zwillinge zusätzliches Einkommen durch Investitionen in Wohnimmobilien, Restaurants und Hotels erzielen. Aufgrund ihrer verbalen Fähigkeiten lieben es die Zwillinge, in jeder Situation zu feilschen und zu verhandeln, besonders wenn es um Geld geht.

Der Mond, der das 2. Sonnenhaus der Zwillinge beherrscht, bewegt sich schneller als jeder andere Planet und durchläuft jedes Zeichen und jedes Haus alle 28 Tage. Kein anderer Himmelskörper kann es mit der Geschwindigkeit und Anpassungsfähigkeit des Mondes aufnehmen. Dies spiegelt perfekt die finanzielle Einstellung der Zwillinge wider: Sie sind vielseitig, flexibel und können auf viele Arten Geld verdienen.

Ihre finanziellen Stimmungen ändern sich so schnell wie die Mondphasen: An einem Tag geht es ihnen nur ums Geld, am nächsten Tag ist es ihnen egal.

Für einen Zwilling bedeutet Geld oft, die Familie zu unterstützen. Ohne dies ist es nur Papier. Der Einfluss des Mondes deutet auch darauf hin, dass die Zwillinge ihren scharfen Intellekt mit einem Verständnis für menschliche Gefühle verbinden müssen, um ihr finanzielles Potenzial voll auszuschöpfen. Logik ist großartig, aber Gefühle haben ihre eigene Logik. Die Zwillinge müssen diese Logik lernen und auf ihre finanziellen Angelegenheiten anwenden, um den Jackpot zu knacken.

Karriere und öffentliches Image

Die Zwillinge wissen, dass ihre Gabe der Sprache mächtig ist: Sie kann Magie schaffen oder Chaos verursachen. Ihre ultimative Mission ist es, diese Macht für das Gute zu nutzen, um tiefe Wahrheiten auf logische und klare Weise zu vermitteln. Sie bewundern diejenigen, die über den reinen Intellekt hinausgehen: Dichter, Künstler, Musiker, Mystiker und Heilige. Die Wahrheit zu lehren, ob wissenschaftlich, inspirierend oder historisch, ist die höchste Berufung der Zwillinge.

Die Fische stehen im 10. Sonnenhaus der Zwillinge, mit Neptun, dem Planeten der Spiritualität und des Altruismus, als Karriereplanet. Um ihr volles berufliches Potenzial zu erreichen, müssen die Zwillinge ihre spirituelle und altruistische Seite entwickeln. Sie müssen das große kosmische Bild - den Fluss der menschlichen Evolution - begreifen, um ihre intellektuellen Gaben wirklich nutzen zu können. Diese Transzendenz wird sie in den Status von "Götterboten" erheben und ihnen ermöglichen, nicht nur Informationen, sondern auch Inspiration zu vermitteln.

Liebe und Beziehungen

Zwillinge bringen ihren Witz und ihren Scharfsinn in ihr Liebesleben ein. Für sie ist ein anregendes Gespräch das beste Vorspiel. Ihr kühler Intellekt kann jedoch manchmal ein Hindernis für diejenigen sein, die feurige Leidenschaft suchen. Emotionen können den Zwillingen lästig erscheinen, und ihre Partner können dies als frustrierend empfinden. Wenn Sie in einen Zwilling verliebt sind, denken Sie daran, dass tiefe Leidenschaften seine Fähigkeit zu denken und zu kommunizieren stören können. Wenn sie distanziert wirken, liegt das in ihrer Natur.

Aber die Zwillinge müssen verstehen, dass Liebe nicht nur ein Konzept ist, über das man reden kann, sondern ein Gefühl, das man ausdrücken und in die Tat umsetzen muss. Über Liebe zu reden ist einfach, sie zu zeigen ist die wahre Herausforderung. Sie müssen lernen, dass die Liebe mit dem Herzen gefühlt und nicht mit dem Verstand diskutiert wird. Wenn Sie wissen wollen, wie ein Zwilling fühlt, hören Sie nicht nur auf seine Worte, sondern beobachten Sie seine Handlungen. Die Zwillinge bevorzugen Partner, die kultiviert und gebildet sind und viel reisen. Ein reicher Partner? Noch besser. Und wenn Sie mit einem Zwilling zusammen sind, sollten Sie ein guter Zuhörer sein. Für sie ist die ideale Beziehung eine Begegnung der Geister. Körperliche und emotionale Verbindungen sind wichtig, aber ohne eine intellektuelle Beziehung fühlen sie sich nicht erfüllt.

Haus und häusliches Leben

Zu Hause können Zwillinge erstaunlich ordentlich und akribisch sein und erwarten, dass die Familie ihren hohen Ansprüchen genügt. Wenn diese Standards nicht erfüllt werden, können sie kritisch werden. Sie sind aber auch praktisch veranlagt und lieben es, der Familie auf nützliche Weise zu dienen.

Das Haus der Zwillinge ist ein Zentrum des Komforts und der Aktivität. Sie lieben es, Gäste zu empfangen, und sind hervorragend in der Lage, ihr Haus zu reparieren und zu verschönern - alles, um ihren Geist und ihre Hände auf Trab zu halten. Ihr Haus ist voller Hobbys und Interessen, so dass sie sich nie langweilen, wenn sie allein sind.Zwillinge haben eine besondere Beziehung zu ihren Kindern, die aus ihrem jugendlichen Geist herrührt. Als Meister der Kommunikation verstehen sie es, den Kindern Dinge zu erklären und sich so ihre Liebe und ihren Respekt zu verdienen. Sie ermutigen ihre Kinder, genauso kreativ und gesprächig zu sein wie sie selbst, und sorgen so für ein lebendiges und anregendes häusliches Umfeld.Zwillinge sind mit ihrer Schlagfertigkeit und ihrem anpassungsfähigen Wesen faszinierende, wenn auch manchmal verwirrende Partner und Eltern. Sie lernen immer, lehren immer und suchen immer das perfekte Gleichgewicht zwischen Intellekt und Gefühl, was sie zu einem der dynamischsten Tierkreiszeichen macht.

Zwillinge-Horoskop 2025

Dies ist das Jahr, in dem sich Wege öffnen und Trends gesetzt werden, Zwillinge! Schnallen Sie sich an, denn 2025 wird ein wilder Ritt, voller planetarischer Veränderungen, Chancen und einiger kosmischer Kurvenbälle. Das Jahr beginnt mit einer tiefgreifenden Veränderung: Die Nord- und Südknoten ziehen in die Fische bzw. in die Jungfrau ein. Für Sie bedeutet dies, dass der Nordknoten in Ihr 10. Haus der Karriere und des Erbes eintritt. Der Nordknoten bringt nicht nur eine Zunahme in dem Bereich, in dem er sich bewegt, sondern auch Finsternisse mit sich. Also, Zwillinge, seien wir ehrlich: Wofür wollen Sie in Erinnerung bleiben? In diesem Jahr werden Sie daran arbeiten, Ihr Erbe zu festigen wie nie zuvor.

Dieses Jahr ist astrologisch bemerkenswert, weil es ein Zusammentreffen von langsamen Planeten gibt, die das Zeichen wechseln. Die Rede ist von Saturn, Uranus und Neptun. Saturn und Neptun spielen kosmisches Ping-Pong zwischen Fische und Widder. Für Sie, Zwillinge, bedeutet dies, dass der Planet, der für Disziplin und Verantwortung zuständig ist (Saturn), und der Planet, der für Träume und kollektive Verbindungen zuständig ist (Neptun), zwischen Ihrem beruflichen Sektor und Ihrer gesellschaftlichen Position hin- und herpendeln werden. Stellen Sie sich die Möglichkeiten vor: Struktur trifft auf Phantasie, Realität kollidiert mit Träumen. Das ist wie das ultimative Mash-up!

Aber warte, da ist noch mehr! Jupiter beginnt das Jahr in Ihrem Zeichen und wechselt dann zur Jahresmitte in den Krebs. Uranus, der rebellische Planet, tritt im Juli in Zwillinge ein. Mit einem Schwergewicht wie Uranus in Ihrem Zeichen ist 2025 das Jahr, in dem Sie sich verbessern und eine Stufe aufsteigen können. Uranus ist ein Element der Innovation, und die Tatsache, dass er in Ihrem Zeichen steht, bedeutet, dass Sie neue

Wege beschreiten werden, die Sie nie für möglich gehalten hätten.

In diesem Jahr finden Finsternisse in den Zeichen Fische und Jungfrau statt, die von Astrologen mit den Zwillingen in Verbindung gebracht werden, weil sich die Sonne in diesen Zeichen während der Übergangszeiten zwischen den Jahreszeiten aufhält. Finsternisse sind evolutionäre Transite, die durch Prüfungen und Schocks das Wachstum anregen. Betrachten Sie sie als kosmische Wendungen, die Sie auf Trab halten und Sie voranbringen.

Merkur, Venus und Mars treten in diesem Jahr in eine rückläufige Phase ein. Sowohl Merkur als auch Venus werden dem gleichen Muster wie Saturn und Neptun folgen und sich zwischen Fische und Widder bewegen. Dies geschieht während der Zeit der Sonnenfinsternisse, was den Themen Karriere und soziales Ansehen noch mehr Kraft verleiht. Der rückläufige Mars hingegen wird Sie in finanzieller Hinsicht aufrütteln, worauf wir im Finanzteil Ihres Horoskops näher eingehen werden. Die anderen Rückläufigkeiten des Merkurs finden hauptsächlich in den Feuerzeichen statt, was für Sie, Zwillinge, eine wichtige Beziehungsdimension in die Rückläufigkeit einbringt.Für eine vierteljährliche Aufschlüsselung: Im ersten Quartal dreht sich alles um die Karriere und große Schritte, um Ihr Erbe zu festigen. Es ist eine Zeit, in der Sie glänzen und der Welt zeigen können, was in Ihnen steckt. Im zweiten Quartal verlagert sich der Schwerpunkt auf Ihre Position innerhalb der Gruppen, Organisationen und Gemeinschaften, denen Sie angehören. Netzwerken, wer möchte? Das dritte Quartal steigert Ihr soziales Leben und Ihre gesellschaftliche Stellung noch mehr. Machen Sie sich bereit, Kontakte zu knüpfen und Verbindungen herzustellen, die von Bedeutung sind. Im letzten Quartal des Jahres geht es dann wieder um Ihre Karriere, und Sie können Ihren beruflichen Werdegang anpassen, um sicherzustellen, dass Sie den Weg einschlagen, der Ihren Zielen wirklich entspricht.

Zwillinge, dieses Jahr ist deine Bühne. Nimm sie in deine eigenen Hände.

Gesundheit

(Beachten Sie, dass dies eine astrologische Perspektive auf die Gesundheit ist und keine medizinische. Alle gesundheitsbezogenen Symptome sollten von einer qualifizierten medizinischen Fachkraft beurteilt werden).

Zwillinge, dieses Jahr ist Ihre Gesundheit eine Mischung aus körperlichem und geistigem Wohlbefinden, ein wahrer kosmischer Balanceakt. Beginnen wir mit dem körperlichen Wohlbefinden, das von keinem Geringeren als Mars, dem Planeten der Tatkraft und des Mutes, regiert wird. Mars beginnt das Jahr rückläufig, was bedeutet, dass es die beste Zeit ist, um Überanstrengung zu vermeiden. Ja, auch Sie, mit Ihrer unendlichen Neugier und Energie, brauchen eine Pause. Mars ist bis zum 23. Februar rückläufig, was bedeutet, dass Sie Ihren Terminkalender nicht überfrachten sollten. Rückläufige Bewegungen basieren auf dem Wort "re": reflektieren, überprüfen, revidieren. Dies ist ein idealer Zeitpunkt, um überfällige Kontroll- oder Wellness-Termine nachzuholen. Denken Sie daran, dass Mars die Entzündung regiert. In diesen ersten beiden Monaten ist es daher wichtig, entzündungsfördernde Lebensmittel zu meiden und eine reine, grüne Ernährung beizubehalten.

Wenden wir uns nun dem geistigen Wohlbefinden zu, das für Sie von Venus regiert wird. Auch Venus ist vom 1. März bis zum 12. April rückläufig. Und um die Sache noch interessanter zu machen, finden im März auch noch zwei Sonnenfinsternisse statt. Dieses Zusammentreffen von kosmischen Ereignissen legt Ihnen eines nahe: Erden **Sie sich**. Planen Sie regelmäßig eine Zeit des Nestbaus oder der Einsamkeit ein, um Ihre emotionalen Batterien wieder aufzuladen. Die rückläufige Venus im Widder verkörpert das Mantra "Ich mit mir". Das bedeutet, dass es eine Herausforderung sein wird, Grenzen zu setzen und dafür zu sorgen, dass Ihre emotionalen Bedürfnisse erfüllt werden. Wenn Sie diesen Aspekt meistern können, werden Sie inmitten der kinetischen Astrologie dieses Sommers erfolgreich sein.

Hier finden Sie einen Überblick über die spezifischen Körperbereiche, auf die Sie sich in diesem Jahr konzentrieren sollten:

Lunge oder Lungensystem: In der medizinischen Astrologie regieren die Zwillinge die Lunge, was diesen Bereich zu einem immerwährenden Schwerpunkt der Aufmerksamkeit macht. Da Mars zu Beginn des Jahres rückläufig ist, liegt ein zusätzlicher Schwerpunkt auf der Unterstützung der Lunge. Vermeiden Sie schädliche Gewohnheiten wie das Rauchen, besonders zu Beginn des Jahres. Betrachten Sie es als einen Neuanfang für Ihre Lunge.

Schädel und Gehirn: In diesem Jahr ziehen eine Reihe von Planeten in den Widder oder werden rückläufig, darunter auch Venus, Ihr Planet der geistigen und mentalen Gesundheit. In der medizinischen Astrologie regiert der Widder den Kopf, daher ist die Pflege von Gehirn und Schädel entscheidend. Nehmen Sie gehirnfreundliche Lebensmittel in Ihre Ernährung auf, z. B. solche, die reich an Omega-3-Fettsäuren sind. Praktiken, die die emotionale Erdung fördern, wie Achtsamkeit und Meditation, werden ebenfalls Ihr bester Freund sein.

Nacken, Schultern und Arme: Mars verbringt etwa 25 % des Jahres im 2. Haus der Zwillinge, das für die Gesundheit von Nacken und Schultern zuständig ist. Es wird empfohlen, mehr Übungen zur Beweglichkeit der Schultern in Ihre Routine aufzunehmen. Da Zwillinge auch die Arme regieren, ist es gut, diese Bereiche mit regelmäßigen Dehn- und Kräftigungsübungen in guter Form zu halten.

Denken Sie daran, Zwillinge, dass es im Jahr 2025 darum geht, ein Gleichgewicht zwischen Ihrem lebhaften sozialen Leben und der notwendigen Zeit für sich selbst zu finden, um Ihre Batterien wieder aufzuladen. Geben Sie Ihrer Gesundheit den Vorrang, und Sie werden bereit sein, alles zu erobern, was die Sterne Ihnen vorsetzen!

Liebe und soziales Leben

Zwillinge, dies ist das Jahr, in dem Sie wirklich **den "Trendsetter" verkörpern** können. Ihr soziales Leben erfährt eine kosmische Umgestaltung, wobei der Schwerpunkt auf Gemeinschaften, Gruppen und Organisationen liegt. Saturn und Neptun ziehen in Ihr 11. Haus ein und schaffen die Voraussetzungen für eine ernsthafte soziale Umstrukturierung.

Saturn, das Hauptziel des Tierkreises, wird vom 24. Mai bis zum 1. September in Ihr 11. Haus einziehen. Saturn braucht gut 28½ Jahre für seinen Weg durch den Tierkreis, wobei er in jedem Zeichen etwa 2½ Jahre verbringt. In diesem Sommer wird sich der strenge Einfluss von Saturn auf Ihre sozialen Kreise richten. Saturn verlangt Disziplin, Verantwortung und tragfähige Strukturen. Stellen Sie sich also auf eine gründliche Überarbeitung Ihrer Freundschaften und sozialen Netzwerke ein. Stellen Sie sich Saturn als den Türsteher des Universums vor, der die Freunde aussortiert, die keine Zeit haben, und Ihnen die wirklich Besten überlässt. Beziehungen, die auf gegenseitiger Unterstützung und echter Verbundenheit beruhen, werden gedeihen, während oberflächliche Bindungen vielleicht einfach verkümmern.

Neptun, der Planet der Träume und des Mitgefühls, tritt vom 30. März bis zum 22. Oktober in Ihren sozialen Sektor ein. Dies ist ein einmaliger Transit, denn Neptun braucht ganze 160 Jahre, um den Tierkreis zu umrunden. Der Einfluss von Neptun unterstreicht die Bedeutung von Dienstleistung und

Management. Es ist eine ideale Zeit, um sich in philanthropischen oder gemeinnützigen Aktivitäten zu engagieren. Allerdings hat Neptun auch eine Schattenseite: Wahnvorstellungen und Desillusionierung. Seien Sie nicht überrascht, wenn einige soziale Kreise zu schön erscheinen, um wahr zu sein. Achten Sie darauf, neue Freundschaften und Gruppen sorgfältig zu prüfen, um Enttäuschungen zu vermeiden.

Jupiter, der Planet der Liebe und der Beziehungen, beginnt das Jahr in Ihrem Zeichen, den Zwillingen. Jupiter in Zwillinge ist wie ein VIP-Pass für das gesellschaftliche Ereignis des Jahres. Es ist ein geselliger Transit, der häufige Treffen und Networking für Singles begünstigt. Ganz gleich, ob Sie alleinstehend oder in einer Partnerschaft sind, Kommunikation wird der Schlüssel sein. Jupiter verstärkt alles, was er berührt. Wenn es also in Ihrer Beziehung Kommunikationsprobleme gibt, werden diese offensichtlich werden. Sprechen Sie sie früh im Jahr an, um ernstere Probleme zu vermeiden.

Am 9. Juni tritt Jupiter in den Krebs ein, sein Zeichen der Erhöhung. Dieser Transit begünstigt die Verschachtelung und Vertiefung emotionaler Bindungen. Wenn Sie alleinstehend sind, könnten Sie von gelegentlichen Affären zu einer langfristigen Beziehung übergehen. Für diejenigen, die in einer Beziehung sind, ist dies ein idealer Zeitpunkt, um darüber nachzudenken, zusammenzuziehen oder die Beziehung auf die nächste Stufe zu heben. Vergewissern Sie sich jedoch, dass Sie mit Jupiter in Zwillinge Ihre Hausaufgaben gemacht haben, um sicherzustellen, dass Ihre Kommunikationsstile übereinstimmen. 2025 ist das Jahr, in dem Sie **neue Wege gehen und Trends setzen können**. Lassen Sie sich auf Veränderungen ein, bauen Sie soziales Fett ab und konzentrieren Sie sich darauf, sinnvolle und unterstützende Beziehungen aufzubauen. Ihr emotionales und soziales Leben ist bereit für tiefgreifendes Wachstum und Evolution.

Finanzielles Leben

Zwillinge, machen Sie sich bereit, **Wege** zu bahnen **und Trends zu setzen** wie nie zuvor. Das kosmische Klima des Jahres 2025 macht Ihre Karriere zu einem Spiel, bei dem viel auf dem Spiel steht, und Sie haben die besten Karten. Der Nordknoten, der volle 18 Jahre braucht, um seine Drehung im Tierkreis zu vollziehen, tritt nur 11 Tage nach Beginn des neuen Jahres in die Fische ein. Das letzte Mal geschah dies im Jahr 2007. Dieser Transit ist nicht nur bedeutsam, sondern auch ein karrierebestimmender Moment. Er markiert den Beginn eines neuen 18-Jahres-Zyklus, der sich auf Karriere und Vermächtnis konzentriert.

Als ob das nicht schon genug wäre, packt Saturn schließlich seine Sachen und verlässt im Laufe des Sommers den Karrieresektor. Nach zweieinhalb Jahren, in denen dieser Teil deines Lebens in einen Schmelztiegel verwandelt wurde, ist Saturn bereit, dich für deine harte Arbeit zu belohnen. Stellen Sie sich das als die kosmische Version eines Bootcamp-Abschlusses vor. Sie wurden getestet, unter Druck gesetzt und manchmal erschöpft, aber jetzt sind Sie bereit, die Flucht zu ergreifen. Saturn wird im Herbst wieder in die Fische eintreten und diesem Wachstumsschub eine Übergangsnote verleihen, aber die schwere Arbeit ist getan.

Aber halt, da ist noch mehr! Neptun, der Meister der Illusionen und des Nebels, verlässt auch den Karrieresektor, nachdem er jahrelang alles ein wenig vernebelt hat. Wenn Neptun vom 30. März bis zum 22. Oktober aus dem Bild verschwunden ist, können Sie Ihren beruflichen Weg endlich klar sehen. In dieser Zeit sind große Veränderungen möglich, also markieren Sie Ihren Kalender. Im September findet in Ihrem 10. Karrierehaus eine Sonnenfinsternis statt, die ein wichtiges Ende und einen aufregenden Neuanfang ankündigt.

Auch Jupiter, Ihr Karriereplanet, wechselt Mitte des Jahres in großem Stil von den Zwillingen in den Krebs. Das Timing könnte nicht perfekter sein: Jupiter und Saturn wechseln im Abstand von 16 Tagen die Zeichen. Mit diesem Wechsel beginnt der Sommer mit einer Fülle von Gelegenheiten zur beruflichen Expansion und zum Übergang. Der Übergang von Jupiter in den Krebs fügt Ihrer Karrieregeschichte zwei entscheidende Ebenen hinzu:

In erster Linie stehen finanzielle Beweggründe im Vordergrund. Berufliche Entscheidungen werden in diesem Jahr mehr Gewicht haben als in der Vergangenheit, was die finanziellen Auswirkungen betrifft. Zweitens bringt der Krebseinfluss familiäre Bedürfnisse, Wünsche und Erwartungen ins Spiel. Karrieremotivationen werden wahrscheinlich von dem Wunsch beeinflusst, für Ihre Lieben zu sorgen und sie zu schützen.

Was die Finanzen angeht, ist 2025 ein gemischtes Jahr. Das Jahr beginnt mit Mars, Ihrem Finanzplaneten, der rückläufig ist und in das 2. Haus der persönlichen Finanzen in Zwillinge eintritt. Dies ist eine Aufforderung, einen soliden Haushaltsplan aufzustellen und sich daran zu halten. Der rückläufige Mars kann Ihren Geldbeutel in Flammen aufgehen lassen, und unnötige Ausgaben sind in den ersten beiden Monaten des Jahres ein absolutes Tabu.

Nach dem Frühling hellen sich die finanziellen Aussichten deutlich auf. Da Mars direktläufig ist und in vollem Gange arbeitet und Jupiter in den Krebs eintritt, stehen Wachstum und Expansion bevor. Der Durchgang von Jupiter in Ihrem 2. Haus der Finanzen am 9. Juni gibt grünes Licht für neue Einkommensquellen und Investitionen. Dieser Transit wird Sie für den Rest des Jahres begleiten und verspricht eine finanziell fruchtbare Zeit.

Zusammenfassend lässt sich sagen, dass 2025 das Jahr ist, **in dem Sie in Ihrer Karriere glänzen und Ihre Finanzen sichern können**. Lassen Sie sich auf Übergänge ein, nutzen Sie Chancen und lassen Sie Ihren inneren Trendsetter den Weg weisen.

Startseite

Anschnallen, Zwillinge! Das Jahr 2025 wird dank der lästigen Finsternisse einige Turbulenzen an der Heimatfront mit sich bringen. Die Hälfte der Finsternisse in diesem Jahr wird im häuslichen Bereich stattfinden. Denken Sie daran, dass Finsternisse wie kosmische Prüfer sind: Sie nehmen Ihr Leben unter die Lupe, rütteln auf und drängen Sie zur Weiterentwicklung. Angesichts dieser intensiven Prüfung ist es an der Zeit, sich um die buchstäbliche Struktur Ihres Hauses zu kümmern. Verlieren Sie die notwendigen Reparaturen nicht aus den Augen, besonders im März und September, wenn diese Finsternisse stattfinden. *Stellen Sie sich vor, dass ein undichtes Dach eine Metapher für Ihr Leben ist: Reparieren Sie es, bevor es alles überschwemmt!*

Finsternisse sind die Art der Natur, uns zu zwingen, Altes loszulassen, um Platz für Neues zu schaffen. Da die Finsternisse sowohl im Frühjahr als auch im Herbst stattfinden, sind diese Jahreszeiten die besten Zeiten für einen Umzug. Ob wir nun umdekorieren, renovieren oder umziehen, diese Zeiten sind perfekt für große Veränderungen.

Lassen Sie uns nun über Merkur sprechen. Merkur, Ihr planetarischer Herrscher, hat die Fähigkeit, Verwüstungen anzurichten, wenn er rückläufig wird, und das wird er im Jahr 2025 dreimal tun. Die erste Rückläufigkeit findet vom 15. März bis zum 7. April statt, ein paar Stunden nach der ersten Sonnenfinsternis. Während dieser Zeit ist das Haus ein Minenfeld für Missverständnisse und Fehlkommunikation. *Bemühen Sie sich besonders* um klare Worte und vermeiden Sie voreilige Schlüsse. *Denken Sie daran, dass Annahmen mich und Sie schlecht aussehen lassen!*

Diese Zeit ist besonders kompliziert, weil die Rückläufigkeit in einem Zeichen beginnt, das von Mars regiert wird, was die Spannungen erhöht. Ihre Familie könnte sich fühlen, als würde sie für eine Seifenoper vorsprechen, also halten Sie das Drama auf ein Minimum, indem Sie geduldig und klar sind. Die anderen rückläufigen Perioden sind ebenso dramatisch: Merkur wird vom 18. Juli bis 11. August in Löwe und vom 9. bis 29. November in Schütze und Skorpion rückläufig. Jede dieser Perioden bringt ihre eigene Art von Chaos mit sich, aber der Schlüssel ist *Kommunikation, Kommunikation, Kommunikation*. Missverständnisse können in diesen Perioden schnell eskalieren, daher ist es gut, wachsam zu bleiben und zu verhindern, dass sich kleine Missverständnisse zu großen Familienfehden auswachsen.

Zusammenfassend lässt sich sagen, dass 2025 das Jahr ist, in dem Sie *Ihr Leben zu Hause neu definieren können*. Akzeptieren Sie die Schocks, seien Sie proaktiv bei der Instandhaltung Ihres Zuhauses und halten Sie Ihre Kommunikationswege klar. Es ist eine wilde Fahrt, aber mit ein wenig Voraussicht und viel Geduld werden Sie gestärkt und gefestigt daraus hervorgehen.

Persönliches Wachstum

Hey Zwilling, es ist an der Zeit, den Nonkonformisten in dir zu entfesseln! Das Jahr 2025 bedeutet, dass Sie Ihre Individualität annehmen und als der **Trendsetter** ins Rampenlicht treten, zu dem Sie geboren wurden. Und warum? Weil Uranus, der Planet der Innovation, Entdeckung und radikalen Individualität, zum ersten Mal seit 76 Jahren in Ihr Zeichen eintritt. Ein echter kosmischer Ruck!

Mit Uranus in Zwillinge werden Sie einen elektrischen Schock verspüren, der Sie zu einem authentischeren Leben drängt. Trends entstehen nicht, indem man der Masse folgt, sondern durch mutige Innovatoren, die sich nicht scheuen, gegen den Strom zu schwimmen. *Denken Sie an Lady Gagas Fleischkleid, nicht an die Freizeitkleidung der Unternehmen*. In diesem Jahr werden Sie aufgefordert, sich von Beziehungen und Situationen zu befreien, die Ihr wahres Selbst unterdrücken. Wenn jemand in Ihrem Leben versucht, Sie davon abzuhalten, zu glänzen, wird Uranus Ihnen helfen, dies zu erkennen und Sie dazu bringen, etwas dagegen zu tun.

Aber es gibt ein Problem: Während Sie Ihr authentisches Selbst verwirklichen, müssen Sie sich auch mit finanziellen Sorgen und dem

Einfluss anderer auseinandersetzen. Es kann schwierig sein, ein Gleichgewicht zwischen dem Wunsch nach authentischem Selbstausdruck und den praktischen Aspekten des Lebens zu finden. *Sie können doch nicht einfach Ihren Job kündigen und anfangen, abstrakte Kunst aus recycelten Löffeln zu verkaufen, ohne einen Plan zu haben, oder?* Ein Trendsetter zu sein bedeutet, darauf zu vertrauen, dass die Fülle der Authentizität folgt. Wenn Sie sich selbst treu sind, werden Ihre innovativsten und profitabelsten Ideen gedeihen.

Eine besonders intensive Zeit der Selbstreflexion und des Wachstums wird während Merkurs Rückläufigkeit in Löwe von Juli bis August sein. Merkur, dein Regentschaftsplanet, tanzt in deinem dritten Haus der Kommunikation, in dem Zeichen, das das Herz regiert. Diese Rückläufigkeit ist eine einmalige Gelegenheit, tief über die Art und Weise nachzudenken, wie Sie sich ausdrücken, und Ihre Kommunikation mit Ihren wahren Gefühlen und Wünschen in Einklang zu bringen.

Denken Sie daran, dass es nicht nur darum geht, Ihre Stimme zu finden, sondern sie auch einzusetzen. Reflektieren Sie, bewerten Sie neu und brüllen Sie dann wie der Löwe, den Sie repräsentieren. Lassen Sie Ihr authentisches Selbst durch Ihre Worte und Taten erstrahlen. Diese Rückläufigkeit wird die Voraussetzungen dafür schaffen, die innovative Energie, die Uranus in Ihr Zeichen bringt, zu maximieren.

Zwillinge, 2025 ist also Ihr Jahr, um innovativ zu sein, Grenzen zu überschreiten und Trends zu setzen, denen andere folgen werden. Umfassen Sie Ihre Individualität mit Selbstvertrauen, bringen Sie Ihre Authentizität mit praktischen Belangen in Einklang und lassen Sie sich von Uranus zu einem authentischeren und erfüllteren Leben führen.

Monatliche Prognosen

Januar

Beste Tage im Allgemeinen: 20-23
Die stressigsten Tage im Allgemeinen: 5-9
Beste Tage für die Liebe: 27-31
Beste Tage für Geld: 11-13
Beste Tage für die Karriere: 29-31
Beste Tage für die Haushaltsführung

Der Januar beginnt mit dem Transit der Venus in den verträumten Fischen am 2. Tag. Nutzen Sie diesen Transit, um sich auf Ihre beruflichen Ziele zu konzentrieren: Träumen Sie groß und schreiben Sie Ihre Ambitionen auf eine Tafel oder in ein Tagebuch.

Mars, der Planet der Irritationen und Entzündungen, ist bereits zu Beginn des Jahres rückläufig. Am 6. Januar tritt er wieder in den Krebs ein und rückt Ihre Ausgabengewohnheiten ins Rampenlicht, vor allem in Bezug auf die Ausgaben für Haushalt und Familie. Dieser Transit bringt eine Rückkehr in die Vergangenheit mit sich und lässt die finanziellen Probleme vom Herbst 2024 wieder aufleben.

Es gibt keinen Grund, in Bezug auf die Finanzen paranoid zu sein, aber man sollte auf jeden Fall ein Auge auf sein Budget haben. Der Vollmond im Krebs am 13. wird diese Probleme noch verstärken. Vollmonde sind emotional, daher könnte dies ein idealer Zeitpunkt sein, um in etwas finanzielle Klarheit zu investieren, vielleicht in einen Buchhalter oder eine Haushaltsplanungssoftware. Dies ist auch ein idealer Zeitpunkt, um einen langfristigen Sparfonds oder einen College-Fonds zu gründen. Die Wassermann-Saison beginnt am 19. Januar und verlagert den Schwerpunkt auf höhere Bildung und Reisen. Wenn du an einer Universität studierst oder an ein weiteres Studium denkst, ist es an der Zeit, deine Pläne ernst zu nehmen. Der Neumond im Wassermann am 29. Januar ist perfekt, um diese Pläne in die Tat umzusetzen und sich etwas spirituelle Selbstfürsorge zu gönnen. Zünden Sie eine Kerze an, meditieren Sie und ehren Sie Ihren Geist.

Februar

Beste Tage insgesamt: 3-7
Stressigste Tage im Allgemeinen: 10-14
Beste Tage für die Liebe: 7-9
Beste Tage für Geld: 24-28
Beste Tage für die Karriere: 27-28
Mundpropaganda: Kommunikation

Der Monat beginnt gut mit Merkur, Ihrem herrschenden Planeten, der am 3. eine harmonische Verbindung mit Jupiter eingeht. Dies begünstigt alle Formen der Kommunikation - Schreiben, Sprechen, Zuhören - und so weiter.

Am 4. tritt Venus in den Widder ein und betont damit Geselligkeit und gesellschaftliches Engagement. Bringen Sie sich in Ihre Lieblingsgruppen und -organisationen ein und lassen Sie es sich gut gehen.

Am 12. Februar verspricht der Vollmond in Löwe einen wilden Ritt. Dieser Mond, der in Spannung zu Uranus steht, konzentriert sich auf die Kommunikation. Wenn Sie notwendigen Gesprächen aus dem Weg gegangen sind, könnte sich dieser Vollmond in ein Pulverfass verwandeln. Denken Sie daran, dass *Reagieren* statt *Reagieren* den Unterschied ausmachen kann. Tauchen Sie auch in Ihre örtliche Gemeinschaft ein: Besuchen Sie einen Bauernmarkt oder erkunden Sie ein örtliches Naturgebiet.

Die Fische-Saison beginnt am 18. und der Neumond am 27. Diese Transite stehen im Zeichen der Karriere, während Mars am 23. direktläufig wird. Vorwärtsdrang trifft auf Neuanfang. Vorwärtsdrang und Neubeginn: Nutzen Sie diese Zeit, um sich langfristige berufliche Ziele zu setzen und dabei auch finanzielle Aspekte zu berücksichtigen. Die Finsternisse des nächsten Monats werden Ihr berufliches Wachstum noch verstärken, aber dieser Neumond und die direkte Bewegung von Mars geben die Richtung vor.

März

Beste Tage insgesamt: 23-27
Stressigste Tage im Allgemeinen: 14-18
Beste Tage für die Liebe: 27-30
Beste Tage für Geld: 7-11
Beste Tage für die Karriere: 20-22
Kennwort: Symbiotisch

Venus wird am 1. März rückläufig und zwingt Sie dazu, Ihre Freundschaften und deren Gegenseitigkeit zu überprüfen. Wahre Freunde unterstützen Sie genauso wie Sie sie unterstützen, wenn auch auf unterschiedliche Weise.

Die erste Sonnenfinsternis des Jahres 2025 findet am 14. März statt, eine totale Mondfinsternis des Vollmonds in Jungfrau. Diese Sonnenfinsternis betrifft Haus, Familie und Immobilien. Ignorieren Sie die physischen Probleme in Ihrem Haus nicht: Reparieren Sie, was repariert werden muss. Finsternisse bringen alles durcheinander, und diese Finsternis könnte auch die Familiendynamik durcheinander bringen.

Merkur wird am 15. März im Widder rückläufig, wodurch Kommunikationsfehler und Annahmen überhand nehmen. Seien Sie klar und bitten Sie um Klärung, anstatt Vermutungen anzustellen. Die Widder-Saison beginnt am 20. mit einer Neumondfinsternis am 29. Dies ist die kosmische Einladung, sich neuen Gemeinschaften anzuschließen oder bestehende neu zu bewerten. Dies ist die kosmische Aufforderung, sich neuen Gemeinschaften anzuschließen oder bestehende neu zu bewerten. Neptun tritt Ende des Monats in den Widder ein und fordert Sie auf, in Ihrem sozialen Umfeld nach spiritueller Erfüllung zu suchen.

April

Beste Tage insgesamt: 6-10
Stressigste Tage im Allgemeinen: 14-17
Beste Tage für die Liebe: 8-12
Beste Tage für Geld: 4-6
Beste Tage für die Karriere: 18-20
Kennwort: Vorwärts

Die kosmische Zeit beginnt mit einer Gruppe von unterstützenden Transiten, die zu Ihren Gunsten wirken. Markieren Sie den 5. und 7. in Ihrem Kalender. Venus und Mars stehen am 5. harmonisch in einer Linie, so dass dies der perfekte Tag ist, um Zeit mit Ihren Lieben zu verbringen oder sich etwas zu gönnen, das Ihnen ein besonderes Gefühl gibt. Mars beendet seinen langen Aufenthalt im Krebs, also genießen Sie diese Zeit am besten zu Hause, und Merkur, Ihr planetarischer Herrscher, beendet am 7. seine Rückläufigkeit und wird endlich direkt. Halleluja! Das gibt Ihnen grünes Licht, um Ihre Ziele für 2025 zu verfolgen.Am 12. April steht der Vollmond in Waage, deinem Luftzeichen. Diese Lunation ist für dich romantisch und kreativ. Vollmonde stehen für emotionale Höhepunkte. Wenn Sie also ein kreatives Talent kultiviert haben, ist jetzt die Zeit, es zu zeigen. Wenn die Emotionen hoch sind, kanalisieren Sie sie durch Ihre Kreativität. Auch die Romantik steht im Vordergrund: Ob Sie nun zu zweit oder allein sind, nutzen Sie diese Lunation aus. Da Venus am selben Tag ihre Rückläufigkeit beendet, ist es eine großartige Zeit für die Liebe. Wenn Sie alleinstehend sind, sollten Sie ein Mondbad nehmen: Gehen Sie nach draußen, sonnen Sie sich im Licht des Vollmonds und nehmen Sie seine nährenden Schwingungen in sich auf.Der 19. April markiert den Beginn der Stier-Jahreszeit, die sich auf Gesundheit und geistiges Wohlbefinden konzentriert. Da Sie eine weitere Reise um die Sonne abschließen, ist es eine gute Idee, Ihre mentale Gesundheitsroutine aufzufrischen. Sie haben in diesem Jahr große Pläne, Zwillinge, also stellen Sie sicher, dass Sie geistig in der Lage sind, sie zu verwirklichen. Der Monat endet mit einigen Turbulenzen: Mars steht am selben Tag wie der Neumond in Stier in Opposition zu Pluto. Dieser Transit macht auf Machtungleichgewichte in Gruppen und Organisationen aufmerksam. Bleiben Sie auf dem Boden der Tatsachen und navigieren Sie vorsichtig durch diese Gewässer.

Mai

Beste Tage im Allgemeinen: 3-6, 25-27
Die stressigsten Tage im Allgemeinen: 10-15
Beste Tage für die Liebe: 20-25
Beste Tage für Geld: 25-28
Beste Tage für die Karriere: 20-22
Stichwort: Gleichgewicht

Der Monat beginnt mit Merkur, Ihrem planetarischen Herrscher, der am 5. in einer positiven Konjunktion mit Jupiter steht, der das ganze Jahr über in Ihrem Zeichen steht, und dieser Aspekt ist besonders günstig. Erwarten Sie eine Zunahme von Marketing-, Kommunikations- und Netzwerkmöglichkeiten. Lassen Sie diese Woche Ihre sozialen Schmetterlingsflügel frei flattern.

Am 10. tritt Merkur in den Stier ein und verbindet sich mit der Sonne, um geistige Gesundheit und Wohlbefinden zu fördern. Angesichts der zerebralen Natur von Merkur können somatische Praktiken wie Yoga oder Tai Chi Ihnen helfen, aus dem Kopf in den Körper zu kommen. Dies ist von entscheidender Bedeutung, da der Vollmond im Skorpion am 16. Juni Ihre körperliche Gesundheit in den Mittelpunkt rückt. Wenn Sie die Besuche beim Arzt oder Zahnarzt vernachlässigt haben, ist jetzt der richtige Zeitpunkt, um sie nachzuholen. Dieser Vollmond in Verbindung mit der Nähe der Sonne zu Uranus unterstreicht, wie wichtig es ist, den Körper zu regulieren, um den Geist zu beruhigen.

Ihre Sonnensaison beginnt am 20. Mai! Merkur tritt am 25. in die Zwillinge ein, und am 26. findet ein Neumond in Ihrem Zeichen statt. Dieser Neumond bringt ein Stellium von vier Planeten in Zwillinge: ein kosmischer Schub! Tauchen Sie in das ein, was Sie lebendig fühlen lässt. Diese Welle der Zwillingsenergie wird alle um Sie herum in Aufruhr versetzen, also erwarten Sie in der letzten Woche des Monats eine lebhafte Kommunikation.

Juni

Beste Tage insgesamt: 3-7
Stressigste Tage im Allgemeinen: 21-24
Beste Tage für die Liebe: 11-14
Beste Tage für Geld: 25-28
Beste Tage für die Karriere: 5-7
Schlagwort: Gemessen

Der Juni beginnt mit einem Zeichenwechsel mehrerer Planeten. Venus tritt am 6. Juni in den Stier ein, gefolgt von Merkur und Jupiter, die am 8. bzw. 9. Juni in den Krebs wechseln. Dieser Wechsel bringt eine bemerkenswerte Veränderung der kosmischen Zeit mit sich. Diese Verschiebung bringt eine bemerkenswerte Veränderung der kosmischen Zeit mit sich. Venus im Stier betont die Sicherheit und fordert Sie auf, einen Rückzugsort zu finden, an dem Sie neue Energie tanken können. Achten Sie auf die Reaktionen Ihres Körpers auf vertraute Orte und Menschen. Merkurs Zeit im Krebs ist kurz und endet am 26. Januar, aber Jupiter bleibt fast ein Jahr lang im Krebs. Jupiter im Krebs konzentriert sich für Sie, Zwillinge, auf finanziellen Wohlstand. Es ist eine ausgezeichnete Zeit, um neue oder bestehende Unternehmungen zu verfolgen, die andere inspirieren. Dieser Transit könnte auch die Finanzen oder das Prestige Ihres Partners stärken.

Der Vollmond in Schütze am 11. fällt in Ihr 7. Haus der Beziehungen und unterstreicht Ihre Einstellung zu Beziehungen. Die Schütze-Energie fördert die Spontaneität, also nehmen Sie Ihren Partner mit auf ein unerwartetes Abenteuer, und sei es nur die Erkundung eines neuen Stadtteils. Wenn Sie Single sind, machen Sie sich diese abenteuerliche Energie zunutze, indem Sie sich auf die Suche nach sich selbst machen oder sich auf eine Solo-Tour begeben. Die Krebs-Saison beginnt am 20. mit einem Neumond am 25. Dieser Neumond steht in Quadratur zu Saturn und Neptun und könnte dazu führen, dass Sie sich von Aufgaben, Träumen oder Verantwortlichkeiten überwältigt fühlen. Gehen Sie damit um, indem Sie große Aufgaben in kleinere, leichter zu bewältigende Teile zerlegen. Denken Sie daran, dass Ihr Wert nicht an Ihre Produktivität gebunden ist. Glücklicherweise harmoniert die Sonne am 26. mit Mars, was Ihnen einen Energieschub gibt, der alle Zweifel ausräumt und Sie wieder auf den richtigen Weg bringt.

Juli

Beste Tage insgesamt: 7-11
Stressigste Tage im Allgemeinen: 17-22
Beste Tage für die Liebe: 2-6
Beste Tage für Geld: 10-13
Beste Tage für die Karriere: 24-27
Mundpropaganda: ehrlich

Hallo Zwillinge, sind Sie bereit für einen Juli voller kosmischer Aufregung? Am 4. Juli steht Venus in Konjunktion mit Uranus im letzten Grad des Stieres, bevor sie in Ihr Zeichen eintritt, und wird Sie mit Glanz und Vergnügen überfluten. Stellen Sie sich ein gesellschaftliches Leben vor, spontan und voller Überraschungen! Stellen Sie sich vor, Sie erhalten eine unerwartete Einladung zu einer Dachterrassenparty oder stoßen auf ein Straßenfest. Uranus hat Ihr Zeichen seit 1949 nicht mehr besucht, das ist also eine große Sache! Erwarten Sie tiefgreifende Neuerungen in der Art und Weise, wie Sie kommunizieren und sich ausdrücken. Frühe Zwillinge werden diesen Wandel bald spüren, während die später Geborenen ihn erst in einigen Jahren erwarten können.

Am 10. Juli fragt der Vollmond im Steinbock: "Haben Sie eine nachhaltige Finanzstruktur?" Mit Jupiter im Krebs ist finanzieller Reichtum in Sicht, aber dieser Mond verlangt nach etwas Weisheit. Lassen Sie sich von Finanzexperten beraten oder nehmen Sie an einem Kurs über Finanzwissen teil: Betrachten Sie dies als eine Investition in Ihre Zukunft.

Merkur rückläufig in Löwe am 18. rückt Kommunikationsprobleme in den Vordergrund. Denken Sie daran, dass Merkur-Retrograde von den Zwillingen besonders stark wahrgenommen werden. Konzentrieren Sie sich auf aktives Zuhören und vermeiden Sie Missverständnisse. Die Löwe-Saison beginnt mit einem Paukenschlag: Die Sonne tritt in Opposition zu fünf Planeten. Der Neumond am 24. ermutigt Sie dazu, Ihre Authentizität zu zeigen und Ihre Wahrheit zu sagen. Denken Sie daran, bevor Sie sprechen, denn Merkur ist rückläufig: Ihre Worte haben Gewicht!

August

Beste Tage im Allgemeinen: 21-25
Die stressigsten Tage im Allgemeinen: 7-11
Beste Tage für die Liebe: 12-14
Beste Tage für Geld: 10-14
Beste Tage für die Karriere: 27-29
Kennwort: Diamant

Der August ist eine Achterbahnfahrt, Zwillinge! Venus steht am 1. August in Quadratur zu Saturn und Neptun, was Selbstzweifel und Fluchttendenzen weckt. Es ist wie bei der Verwandlung von Kohle in Diamanten: Es braucht Druck. Seien Sie nett zu sich selbst und widerstehen Sie alten, dissoziativen Gewohnheiten. Am 6. tritt Mars in die Waage ein und drängt Sie, ein Gleichgewicht zwischen Kreativität und anderen Lebensbereichen zu finden. In den nächsten sechs Wochen befeuert Mars Ihre kreativen und romantischen Aktivitäten.

Der Vollmond im Wassermann am 9. September fordert Sie auf, sich auszuruhen und Ihren Terminkalender zu entlasten. Produktivität ist kein Kriterium für Ihren Wert, also machen Sie sich keine Vorwürfe, wenn Sie nur langsam vorankommen. Merkur wird am 11. direktläufig, was den mentalen Nebel lichtet und Ihnen hilft, wieder auf Kurs zu kommen.

Die Jungfrau-Saison beginnt am 22. mit einem Neumond am 23., der sich auf die häusliche und familiäre Dynamik konzentriert. Es ist an der Zeit, sich zu organisieren: Denken Sie darüber nach, Ihre Räume zu renovieren oder umzugestalten, um neue Energie hineinzubringen. Dieser Neumond ermutigt Sie dazu, allmähliche Veränderungen vorzunehmen und nicht alles auf einmal, also gehen Sie einen Schritt nach dem anderen.

September

Beste Tage insgesamt: 18-19, 27-30
Stressigste Tage im Allgemeinen: 23-26
Beste Tage für die Liebe: 16-18
Beste Tage für Geld: 5-7
Beste Tage für die Karriere: 7-12
Kennwort: Evolve

Anschnallen, Zwillinge: Es ist Finsterniszeit! Finsternisse stimulieren das Wachstum durch Destabilisierung und Kontrolle. Am 7. Juli beleuchtet eine Vollmond-Mondfinsternis in den Fischen den Karrieresektor und fordert Sie auf, über Ihr Erbe nachzudenken. Dies ist der Zeitpunkt, um zu entscheiden, ob Sie den Kurs beibehalten oder die Richtung ändern wollen. Seien Sie dankbar für das, was Sie bisher erreicht haben, egal, ob Sie vorwärts gehen oder auf der Stelle treten wollen.

Die zweite Finsternis am 21. Mai in Jungfrau konzentriert sich auf Ihre Vergangenheit und Ihr Privatleben. Diese Neumondfinsternis zwingt Sie dazu, sich mit den Konditionierungen aus Ihrer Kindheit auseinanderzusetzen, die Sie zurückgehalten haben. Es geht darum, sich von alten Mustern zu befreien und eine neue Art des Seins anzunehmen. Die Veränderung wird nicht über Nacht geschehen, aber in den nächsten sechs Monaten werden Sie eine deutliche Veränderung spüren.

Die Waage-Saison beginnt am 22. mit der Sonne, die alle Planeten, von Saturn bis Pluto, ansaugt. Es ist eine intensive und kreative Zeit. Wenn dir die Energie der Sonnenfinsternis überwältigend vorkommt, dann kanalisiere sie in kreative Projekte, um geerdet und inspiriert zu bleiben.

Mach dich bereit, dich weiterzuentwickeln, Zwillinge! In diesem Monat geht es darum, deine alte Haut abzulegen und in eine authentischere Version deiner selbst zu schlüpfen. Behalten Sie Ihr Ziel im Auge und halten Sie Ihr Herz offen für Möglichkeiten.

Oktober

Beste Tage insgesamt: 1-5
Stressigste Tage im Allgemeinen: 6-12
Beste Tage für die Liebe: 14-17
Beste Tage für Geld: 25-28
Beste Tage für die Karriere: 28-31
Kennwort: Macht zu sich selbst

Oktober, Zwillinge! Es ist an der Zeit, das Ruder in die Hand zu nehmen und Herr über Ihre eigene Geschichte zu werden. Der Monat beginnt mit einem schillernden Vollmond in Widder am 6. Oktober, der das Rampenlicht auf Ihre sozialen Kreise und beruflichen Netzwerke lenkt. Denken Sie an die Neumondfinsternis in Widder im vergangenen März zurück. Wie hat sich Ihre Dynamik innerhalb dieser Gruppen entwickelt? Dieser Vollmond ist eine Gelegenheit, die Gegenseitigkeit zu überprüfen. Erhalten Sie so viel, wie Sie geben? Wenn nicht, ist es an der Zeit, die Energien neu zu bewerten und umzuverteilen.

In der Monatsmitte tritt Venus am 13. in die Waage ein und bildet vom 11. bis 15. kraftvolle Verbindungen mit Saturn, Uranus, Neptun und Pluto. Dieses kosmische Ballett verlagert den Schwerpunkt auf Ihr kreatives und romantisches Leben. Dieses kosmische Ballett verlagert den Schwerpunkt auf Ihr kreatives und romantisches Leben. Halten Sie sich zurück? Seien Sie offen für Einsichten, die Ihnen zeigen, wie Sie Ihr Potenzial einschränken können. Tauchen Sie in Ihre bevorzugten kreativen Aktivitäten ein, um sich zu erden. Der Neumond in der Waage am 21. läutet einen neuen emotionalen Zyklus ein. Nutzen Sie diese Zeit, um zu erforschen, zu spielen und sich dem hinzugeben, was Ihnen Freude bereitet.

Die Skorpion-Saison beginnt am 22. mit der Sonne, die Uranus und Pluto unmittelbar herausfordert. In dieser Zeit werden Ihre körperlichen Wohlfühlgewohnheiten besonders deutlich. Unterstützen Ihre täglichen Gewohnheiten Ihre ganzheitliche Gesundheit? Mars, der am 28. mit Jupiter in einer Linie steht, ermutigt Sie dazu, Ihre Fitness und Ihre Ernährung zu verbessern. Nehmen Sie diese Veränderungen an, um Ihr Selbstbild zu stärken.

November

Beste Tage insgesamt: 21-24
Stressigste Tage im Allgemeinen: 8-13
Beste Tage für die Liebe: 27-30
Beste Tage für Geld: 17-20
Beste Tage für die Karriere: 22-25
Kennwort: Abreise

Willkommen im November, Zwillinge! Der Monat beginnt mit einem Paukenschlag: Am 4. November tritt Mars in Schütze ein, Ihr entgegengesetztes Zeichen. Dieser Transit elektrisiert die Beziehungsdynamik. Wenn Sie Single sind, erwarten Sie eine Welle der Begeisterung oder der Frustration. Für diejenigen, die in einer Beziehung sind, wird Mars die Flammen der Leidenschaft anfachen oder hitzige Diskussionen entfachen. Ausgewogenheit ist wichtig.

Am 5. Mai fordert der Vollmond im Stier Sie auf, Ihre geistige Gesundheit und Ihre Wellness-Routinen zu überprüfen. Schaffen Sie ein Gleichgewicht zwischen sozialen Kontakten und der dringend benötigten Zeit für sich selbst? Am 9. wird Merkur in Schütze rückläufig, was einige alte Flammen oder ungelöste Probleme zurück in Ihr Leben bringen könnte. Diese Rückläufigkeit ist eine Zeit, in der Sie darüber nachdenken können, was Sie getan haben und was noch zu klären ist.

Ein harmonischer großer Wasserthron am 17., an dem Sonne, Jupiter und Saturn beteiligt sind, bietet eine sanfte, emotionale Verbindung mit einem besonderen Menschen. Nutzen Sie diesen Transit, um Beziehungen zu vertiefen und Ihr Herz zu öffnen. Der Neumond im Skorpion am 20. legt den Schwerpunkt auf körperliches Wohlbefinden. Hören Sie auf Ihren Körper und geben Sie ihm, was er braucht, sei es Ruhe, Nahrung oder ein wenig Verwöhnung.

Am 22. beginnt die Schütze-Saison, die Sie dazu ermutigt, von Partnerschaften und Kooperationen zu träumen. Ganz gleich, ob Sie eine gegenwärtige Beziehung verbessern oder sich Ihren idealen zukünftigen Partner vorstellen wollen, jetzt ist die Zeit, diese Vorsätze zu fassen.

Dezember

Beste Tage insgesamt: 2-5
Stressigste Tage im Allgemeinen: 9-14
Beste Tage für die Liebe: 1-4
Beste Tage für Geld: 24-28
Beste Tage für die Karriere: 21-24
Beste Tage für Partner

Im Dezember dreht sich alles um Partnerschaften, Zwillinge! Der Vollmond in deinem Zeichen am 4. Dezember rückt dich in den Mittelpunkt der Beziehungsgleichung. Denken Sie über Ihre Muster und Verhaltensweisen nach und darüber, wie Sie sich in Ihren Beziehungen präsentieren. Dieser Mond unterstützt Ihr emotionales Wachstum und hilft Ihnen, sich zu einem bewussteren und ausgeglicheneren Partner zu entwickeln.

Mars und Saturn treffen am 9. aufeinander und laden Sie dazu ein, langsamer zu machen und an den Rosen zu riechen. Unruhe kann sich einschleichen, aber nutzen Sie diese Zeit, um eine Pause einzulegen und Ihre Batterien aufzuladen. Merkur, Ihr Herrscherplanet, wird am 10. direkt und bildet zwischen dem 10. und 13. mehrere Aspekte, die die Kommunikation in Beziehungen betonen. Diese Transite betonen die Kommunikation in Beziehungen. Klare und ehrliche Gespräche sind wichtig.

Der Neumond in Schütze am 19. ist eine visionäre Lunation, perfekt, um sich Möglichkeiten für Ihre Partnerschaften auszumalen. Wenn Sie in einer Beziehung sind, sprechen Sie offenherzig über Ihre zukünftigen Ziele und Träume. Wenn Sie alleinstehend sind, konzentrieren Sie sich auf das, was Sie in Ihre nächste Beziehung einbringen möchten, und erstellen Sie eine Visionstafel für 2026.

Am 21. beginnt die Steinbock-Saison, die den Fokus auf finanziellen Wohlstand lenkt. Es ist eine ideale Zeit, um sich Ziele zu setzen, um finanzielle Stabilität zu erhalten oder zu erreichen. Nutzen Sie das Ende des Jahres, um zu planen und sich auf ein erfolgreiches Jahr 2026 vorzubereiten.

ASTRO-INSIGHTS UND HÄUFIG GESTELLTE FRAGEN

Was genau ist mein Sonnenzeichen?
Ihr Sonnenzeichen ist das Tierkreiszeichen, in dem die Sonne zum Zeitpunkt Ihrer Geburt stand. Es ist der Kern Ihrer Persönlichkeit, Ihre Essenz. *Betrachten Sie es als Ihren kosmischen Personalausweis.*

Warum regen sich alle über Merkur rückläufig auf?
Der rückläufige Merkur ist berüchtigt dafür, dass er Kommunikationsstörungen, Reiseverspätungen und technische Ausfälle verursacht. Es ist, als ob das Universum für ein paar Wochen auf den "Chaos"-Knopf drückt. *Überprüfen Sie alles noch einmal und unterschreiben Sie keine Verträge, wenn Sie es vermeiden können.*

Was ist mein aufsteigendes Zeichen und warum sollte es mich interessieren?
Das Aszendentzeichen ist das Zeichen, das bei Ihrer Geburt am östlichen Horizont aufstieg. Es beeinflusst die Art und Weise, wie andere Sie sehen, und Ihren ersten Eindruck. *Es ist Ihr kosmisches Vorstellungsschreiben: Machen Sie es zu etwas Besonderem!*

Wie wirken sich die Mondphasen auf meine Stimmung aus?
Die Mondphasen beeinflussen die Emotionen und das

Energieniveau. Der Vollmond kann Emotionen verstärken und Dinge in Angriff nehmen, während der Neumond ideal ist, um neue Projekte zu beginnen. *Planen Sie entsprechend: Sie würden nie eine Party während eines Gewitters planen, oder?*

Sind Horoskope genau?

Allgemeine Horoskope bieten allgemeine Hinweise auf der Grundlage der Sonnenzeichen. Für eine genaue Vorhersage benötigen Sie ein individuelles Geburtshoroskop, das die genaue Uhrzeit, das Datum und den Ort Ihrer Geburt berücksichtigt. *Das ist so, als würde man die Wettervorhersage einer Stadt mit derjenigen für die eigene Straße vergleichen.*

Was ist das Problem mit den Häusern in der Astrologie?

Die Häuser in Ihrem Geburtshoroskop stehen für verschiedene Bereiche Ihres Lebens, z. B. Karriere, Liebe und Gesundheit. Die Planeten, die sich in diesen Häusern bewegen, beeinflussen diese Bereiche. *Stellen Sie sich das wie kosmische Immobilien vor: Jedes Haus hat seine eigene, einzigartige Schwingung.*

Wie wirken sich die Planetentransite auf mich aus?

Transite sind die aktuellen Positionen der Planeten und wie sie mit Ihrem Geburtshoroskop interagieren. Ein harmonischer Transit kann Chancen bringen, während ein herausfordernder Transit Hindernisse darstellen kann. *Es ist wie mit dem Wetter: Sonnige Tage sind schön, aber Stürme können eine Herausforderung sein.*

Was ist ein Geburtshoroskop?

Das Geburtshoroskop ist eine Momentaufnahme des Himmels zu dem Zeitpunkt, an dem Sie geboren wurden. Es zeigt die Positionen der Sonne, des Mondes und der Planeten und liefert eine detaillierte Karte Ihrer Persönlichkeit und Ihres Potenzials. *Es ist Ihre persönliche kosmische Blaupause.*

Kann die Astrologie meine Zukunft vorhersagen?

Die Astrologie kann Einblicke in mögliche Chancen und

Herausforderungen geben, aber sie ist keine Kristallkugel. Der freie Wille spielt eine große Rolle dabei, wie Sie mit den Einflüssen umgehen. *Betrachten Sie die Astrologie als eine Art Straßenkarte: Sie entscheiden über den Weg.*

Warum fühle ich mich anders als andere Menschen mit meinem Sonnenzeichen?
Das Sonnenzeichen ist nur ein Teil des Puzzles. Ihr Mondzeichen, Ihr Aszendentzeichen und der Rest Ihres Geburtshoroskops ergeben eine einzigartige Mischung von Einflüssen. *Sie sind ein kosmischer Cocktail, nicht eine einzelne Zutat.*

Was ist die Bedeutung von Finsternissen in der Astrologie?
Finsternisse sind kraftvolle Momente des Wandels und der Transformation. Sie bringen oft plötzliche Veränderungen und Enthüllungen mit sich, die Sie aus Ihrer Komfortzone herauskatapultieren. *Es ist wie eine Wendung in Ihrem Lieblingsdrama: unerwartet, aber notwendig, um zu wachsen.*

Wie kann ich die Astrologie nutzen, um mein Leben zu verbessern?
Das Verständnis Ihres Horoskops kann Ihnen helfen, Ihre Stärken zu erkennen, an Ihren Schwächen zu arbeiten und bessere Entscheidungen zu treffen. *Es ist wie eine Tabellenkalkulation für das Leben: Nutzen Sie sie weise.*

Was ist das Mondzeichen und warum ist es wichtig?
Ihr Mondzeichen steht für die Stellung des Mondes zum Zeitpunkt Ihrer Geburt. Es bestimmt Ihre Gefühle, Ihr inneres Selbst und Ihr Unterbewusstsein. Während Ihr Sonnenzeichen Ihre äußere Persönlichkeit repräsentiert, ist Ihr Mondzeichen der verborgene Teil von Ihnen, der die Art und Weise beeinflusst, wie Sie fühlen und reagieren. *Betrachten Sie es als den Regisseur hinter den Kulissen Ihrer Gefühlswelt.*

Was bedeutet es, wenn ein Planet in einem Haus steht?
In deinem Geburtshoroskop stehen die Häuser für verschiedene Lebensbereiche, wie Liebe, Karriere und Gesundheit. Wenn ein Planet in einem Haus steht, beeinflusst er diesen speziellen Bereich. Zum Beispiel kann Venus in Ihrem 7. Haus für Harmonie in Beziehungen sorgen. *Es ist, als hätten Sie einen besonderen Gast, der einen Raum in Ihrer kosmischen Wohnung bereichert.*

Wie oft ändern sich Horoskope?
Tageshoroskope werden täglich auf der Grundlage der aktuellen Positionen der Planeten aktualisiert. Monats- und Jahreshoroskope bieten eine umfassendere Sichtweise und konzentrieren sich auf langfristige Trends. *Betrachten Sie Tageshoroskope als Wettervorhersagen und Jahreshoroskope als Klimaberichte.*

Was ist die Bedeutung einer Saturn-Wiederkehr?
Eine Saturn-Wiederkehr findet etwa alle 29,5 Jahre statt, wenn Saturn seine Umlaufbahn um die Sonne vollendet und in dieselbe Position zurückkehrt, in der er sich bei Ihrer Geburt befand. Es ist eine Zeit der großen Lebensbewertung und Veränderung, die oft Reife und Lernen mit sich bringt. *Es ist ein kosmischer Übergangsritus zum Erwachsensein und darüber hinaus.*

Warum fühlen sich manche Menschen von bestimmten Transiten stärker betroffen als andere?
Die Auswirkungen von Planetentransiten sind je nach Geburtshoroskop unterschiedlich. Empfindliche Punkte in Ihrem Horoskop, wie persönliche Planeten oder Winkel, können Sie für bestimmte Transite empfindlicher machen. *Es ist wie eine eingebaute kosmische Antenne, die bestimmte Frequenzen auffängt.*

Was ist Synastrie in der Astrologie?
Die Synastrie ist die Untersuchung der Wechselwirkung zwischen den Geburtshoroskopen zweier Menschen. Sie wird oft in der Beziehungsastrologie verwendet, um Kompatibilität,

Stärken und Herausforderungen zu verstehen. *Stellen Sie es sich als kosmische Chemie vor: Einige Elemente mischen sich gut, während andere Funken schlagen.*

Kann die Astrologie bestimmte Ereignisse vorhersagen?
Die Astrologie kann zwar Trends und potenzielle Energien aufzeigen, aber sie kann keine bestimmten Ereignisse vorhersagen. Der freie Wille und persönliche Entscheidungen spielen eine wichtige Rolle. *Es geht mehr darum, das Schiff zu steuern, als jede Welle zu beschreiben.*

Wie wirken sich Rückläufigkeiten auf Beziehungen aus?
Rückläufige Phasen, insbesondere Venus rückläufig, können Themen oder Menschen aus der Vergangenheit zurück in Ihr Leben bringen, um gelöst zu werden. Sie sind eher Momente der Neubewertung und des Nachdenkens als des Beginns neuer Beziehungen. *Es ist wie eine kosmische Pausentaste, mit der Sie Ihr Liebesleben überdenken und neu bewerten können.*

Was sind Aspekte in der Astrologie?
Aspekte sind die Winkel zwischen den Planeten im Geburtshoroskop und zeigen ihre Wechselwirkung an. Positive Aspekte (Trigone, Sextile) deuten auf Harmonie hin, während schwierige Aspekte (Quadrate, Oppositionen) auf Spannungen hinweisen. *Betrachten Sie Aspekte als Unterhaltungen zwischen Planeten: einige sind freundlich, andere sind umstritten.*

Warum sind manche Tage besser als andere, um Entscheidungen zu treffen? Planetentransite erzeugen unterschiedliche Energien, die den Entscheidungsprozess beeinflussen können. Günstige Tage sind oft durch harmonische Aspekte gekennzeichnet, während herausfordernde Tage schwierige Transite haben können. *Es ist, als ob man einen sonnigen Tag für ein Picknick wählt und nicht einen regnerischen.*

Was bedeutet es, wenn ein Planet exaltiert ist?
Ein Planet ist in einem Zeichen exaltiert, in dem seine Energie am stärksten und positivsten ist. Zum Beispiel ist Venus in den Fischen exaltiert, was bedeutet, dass sie ihre Qualitäten der Liebe und Schönheit in diesem Zeichen auf außergewöhnliche Weise zum Ausdruck bringt. *Es ist, als ob der Planet sich von seiner besten Seite zeigt und seine besten Eigenschaften zum Ausdruck bringt.*

Kann die Astrologie Ihnen bei der Berufswahl helfen?
Auf jeden Fall! Das Geburtshoroskop kann auf der Grundlage der Planetenpositionen und -aspekte Stärken, Talente und berufliche Neigungen aufzeigen. Vor allem das 10. Haus ist für berufliche Erkenntnisse von entscheidender Bedeutung. *Betrachten Sie es als Ihren persönlichen Berufsberater, der Ihnen den Weg zu Ihrer wahren Berufung weist.*

DAS ENDE IST NUR DER ANFANG

2025 ist das Jahr, in dem du die Zügel deines Schicksals in die Hand nimmst und mit Vollgas deinen Träumen entgegenfährst! In diesem Jahr haben die Sterne den Boden für **Transformation**, **Wachstum** und **ultimative Ermächtigung** bereitet. Von Sonnenfinsternissen bis zu Vollmonden verteilt das Universum kosmische Gelegenheiten, um **sich zu vervollkommnen**, **zu erweitern** und **zu glänzen**, aber glauben Sie mir nicht. Hier ist, was einige unserer ermächtigten Widder-Schwestern zu sagen haben:

"Bevor ich mich auf mein Horoskop 2025 eingelassen habe, fühlte ich mich wie in einem Hamsterrad. Jetzt bin ich der Chef in meinem eigenen Universum!". *- Jessica M.*

"Die Einsichten und Hinweise, die ich durch mein Horoskop erhalten habe, haben mein Jahr verändert. Ich habe meine Ziele in Angriff genommen, meine Beziehungen verbessert und mein Leben endlich ins Gleichgewicht gebracht!" *- Amanda R.*

Sind Sie bereit, Ihr Leben im Jahr 2025 zu ermächtigen? Kommen Sie zu uns ins Templum Dianae, wo Sie tief in die Weisheit der Sterne eintauchen können. **Buchen Sie eine exklusive Lesung**, erkunden Sie unsere **Bibliothek mit mystischen Schätzen** und verbinden Sie sich mit einer Gemeinschaft von Frauen, die genauso stolz und fabelhaft sind wie Sie.

Stellen Sie sich vor, Sie hätten einen persönlichen Fahrplan, der Sie durch alle Irrungen und Wirrungen führt, die der Kosmos für Sie bereithält. Der Templum Dianae ist nicht nur ein Heiligtum: Er ist Ihr ***Kraftzentrum****, um die Abenteuer des Lebens zu meistern.*

Wenn Sie also Ihr Liebesleben, Ihre Karriere und alles, was dazwischen liegt, in die Hand nehmen wollen, ist Templum Dianae Ihre nächste Anlaufstelle. Umarme die Sterne, ergreife den Moment und mache 2025 zu deinem bisher stärksten Jahr.

Glänzen!

GLOSSAR DER ASTROLOGISCHEN BEGRIFFE

Aszendent (aufsteigendes Zeichen): Das Tierkreiszeichen, das zum Zeitpunkt der Geburt am östlichen Horizont aufsteigt; beeinflusst das äußere Verhalten und den ersten Eindruck.

Aspekt: Der Winkel zwischen zwei Planeten in einem Geburtshoroskop, der anzeigt, wie sie sich gegenseitig beeinflussen.

Astrologie: Die Lehre von den Bewegungen und relativen Positionen der Himmelskörper und deren Einfluss auf menschliche Angelegenheiten.

Geburtshoroskop: Eine Karte des Himmels zum genauen Zeitpunkt der Geburt, die die Positionen von Sonne, Mond und Planeten im Tierkreis anzeigt.

Kardinale Zeichen: Widder, Krebs, Waage und Steinbock; werden mit Initiation und Führung in Verbindung gebracht.

Chiron: Asteroid, der als "verwundeter Heiler" bekannt ist und im Geburtshoroskop für tiefe Wunden und Heilung steht.

Konjunktion: Ein Aspekt, bei dem sich zwei Planeten sehr nahe sind und ihre Energien vermischen.

Scheitelpunkt: die Trennungslinie zwischen zwei Tierkreiszeichen oder Häusern.

Dekan: Eine Unterteilung eines Tierkreiszeichens, die sich jeweils über 10 Grad erstreckt und der Deutung des Zeichens Nuancen hinzufügt.

Deszendent: Der Punkt, der dem Aszendenten direkt

gegenüberliegt; steht für Partnerschaften und Beziehungen.

Erdzeichen: Stier, Jungfrau und Steinbock; werden mit Sachlichkeit, Stabilität und Materialismus assoziiert.

Eklipse: Astronomisches Ereignis, bei dem die Sonne oder der Mond verdunkelt wird, was in der Astrologie auf bedeutende Veränderungen und Wendepunkte hinweist.
Elemente: Die vier Kategorien (Feuer, Erde, Luft, Wasser), in die die Tierkreiszeichen eingeteilt sind und die die verschiedenen Temperamente darstellen.

Ephemeride: Tabelle oder Buch, das die Positionen der Himmelskörper in regelmäßigen Abständen auflistet und in der Astrologie zur Berechnung von Horoskopen verwendet wird.

Tagundnachtgleiche: Die beiden Zeitpunkte im Jahr, an denen Tag und Nacht gleich lang sind, markieren den Beginn der Jahreszeiten Widder (Frühling) und Waage (Herbst).

Exaltation: Stellung eines Planeten in einem Zeichen, in dem er mit großer Kraft und Harmonie wirkt.

Fall: Position eines Planeten in einem Zeichen, in dem er mit weniger Kraft und Schwierigkeit wirkt.

Feuerzeichen: Widder, Löwe und Schütze; sie werden mit Leidenschaft, Energie und Enthusiasmus assoziiert.

Fixe Zeichen: Stier, Löwe, Skorpion und Wassermann; sie stehen für Stabilität, Entschlossenheit und Ausdauer.

Vollmond: Die Phase, in der der Mond voll erleuchtet ist, symbolisiert Vollendung, Erleuchtung und verstärkte Gefühle.

Großes Trigon: Ein Aspekt, bei dem drei Planeten ein Dreieck bilden, was auf

Harmonie und Leichtigkeit hinweist.

Häuser: Die zwölf Abteilungen des Geburtshoroskops, von denen jede für einen anderen Lebensbereich steht, z. B. Karriere, Beziehungen und Zuhause.

Imum Coeli (IC): Der tiefste Punkt des Geburtshoroskops, der für Heimat, Familie und Wurzeln steht.

Eintritt: Der Eintritt eines Planeten in ein neues Zeichen oder Haus.

Jupiter-Rückkehr: Das Ereignis, bei dem Jupiter in dieselbe Position zurückkehrt, in der er sich bei Ihrer Geburt befand, findet etwa alle 12 Jahre statt und signalisiert Wachstum und Expansion.

Karmische Astrologie: Ein Zweig der Astrologie, der sich auf frühere Leben und karmische Lektionen konzentriert.

Drachen: Ein Aspektmuster, das ein Großes Trigon mit einer Opposition einschließt, deutet auf Potenzial und Leichtigkeit mit einigen Spannungen hin.

Mondknoten (Nord- und Südknoten): Punkte, an denen sich die Mondbahn mit der Ekliptik schneidet und die für Lebenslektionen und vergangenes Karma stehen.

Mondrückkehr: Das Ereignis, bei dem der Mond in dieselbe Position zurückkehrt, in der er sich bei der Geburt befand, und das ungefähr jeden Monat eintritt.

Midheaven (MC): Der höchste Punkt des Geburtshoroskops, der für Karriere, öffentliches Leben und Ansehen steht.

Veränderliche Zeichen: Zwillinge, Jungfrau, Schütze und Fische; sie stehen für Anpassungsfähigkeit, Veränderung und Flexibilität.

Geburtsplanet: Position eines Planeten im Geburtshoroskop.

Opposition: Ein Aspekt, bei dem zwei Planeten um 180 Grad voneinander entfernt sind, was auf Spannung und Gleichgewicht hinweist.

Orbis: Der zulässige Bereich von Graden, innerhalb dessen ein Aspekt als wirksam angesehen wird.

Äußere Planeten: Uranus, Neptun und Pluto; sie stehen im Zusammenhang mit Generationseinflüssen und langfristigen Veränderungen.

Glückspunkt: Ein im Geburtshoroskop berechneter Punkt, der für Glück und Wohlstand steht.

Persönliche Planeten: Sonne, Mond, Merkur, Venus und Mars; sie beeinflussen die individuelle Persönlichkeit und das tägliche Leben.

Präzession der Äquinoktien: Die allmähliche Verschiebung der Erdachse, die die Tierkreiszeichen im Laufe der Zeit beeinflusst.

Progressionen: Eine Methode zur Weiterentwicklung des Geburtshoroskops, um Wachstum und Veränderung im Laufe der Zeit widerzuspiegeln.
Quadrant: Einer der vier Abschnitte des Geburtshoroskops, die jeweils drei Häuser enthalten.

Rückläufig: Wenn ein Planet am Himmel rückläufig ist, signalisiert dies einen Moment der Reflexion und Revision.

Herrscher: Der Planet, der ein bestimmtes Zeichen oder Haus beherrscht und dessen Eigenschaften beeinflusst.

Sextil: ein Aspekt, bei dem zwei Planeten 60 Grad voneinander entfernt sind, was auf Harmonie und Chancen hinweist.

Sonnenwiederkehr: Das Ereignis, bei dem die Sonne in dieselbe Position zurückkehrt, in der sie sich bei der Geburt befand; es findet jährlich statt und symbolisiert ein neues persönliches Jahr.

Stellium: Eine Gruppe von drei oder mehr Planeten in einem Zeichen oder Haus, die dessen Einfluss verstärken.

Quadrat: Ein Aspekt, bei dem zwei Planeten 90 Grad voneinander entfernt sind, was auf Spannungen und Herausforderungen hinweist.

Synastrie: Der Vergleich von zwei Geburtsthemen, um die Kompatibilität einer Beziehung zu bestimmen.

T-Quadrat: Ein Aspekt, bei dem zwei Planeten in Opposition und beide in Quadratur zu einem dritten Planeten stehen, was zu Spannungen und dem Bedürfnis nach einer Lösung führt.

Transite: Die aktuellen Bewegungen der Planeten und ihre Auswirkungen auf das Geburtshoroskop.

Trigon: Ein Aspekt, bei dem zwei Planeten 120 Grad voneinander entfernt sind, was auf Harmonie und Leichtigkeit hinweist.

Rückkehr des Uranus: Das Ereignis, bei dem Uranus in dieselbe Position zurückkehrt, in der er sich bei der Geburt befand, und das um das 84. Lebensjahr herum eintritt, symbolisiert plötzliche Veränderungen und neue Perspektiven.
Die Rückkehr der Venus: Das Ereignis, bei dem die Venus in dieselbe Position zurückkehrt, in der sie sich bei der Geburt befand, findet etwa jedes Jahr statt und beeinflusst Liebe und Schönheit.

Scheitelpunkt: Punkt im Geburtshoroskop, der mit dem Schicksal und wichtigen Begegnungen verbunden ist.

Wasserzeichen: Krebs, Skorpion und Fische; sie werden mit Gefühlen, Intuition und Sensibilität in Verbindung gebracht.

Jod: Ein Aspekt, bei dem zwei Planeten im Sextil und beide im Quincunx mit einem dritten Planeten stehen, was auf ein besonderes Schicksal oder eine besondere Herausforderung hinweist.

Tierkreis: Das Band des Himmels, das in zwölf gleiche Teile unterteilt ist, die jeweils nach einem Sternbild benannt sind.

Dekanate: Jedes Tierkreiszeichen ist in drei Abschnitte von je zehn Grad unterteilt, die seiner Deutung zusätzliche Tiefe verleihen.

Tageshoroskop: Ein Horoskop, bei dem die Sonne über dem Horizont steht und die Deutung beeinflusst.

Nachthoroskop: Ein Horoskop, bei dem die Sonne unterhalb des Horizonts steht, was die Deutung beeinflusst.

Veränderliche Vierheit: Bezieht sich auf die veränderlichen Zeichen Zwillinge, Jungfrau, Schütze und Fische, die für ihre Anpassungsfähigkeit bekannt sind.

Fixe Vierheit: Bezieht sich auf die fixen Zeichen Stier, Löwe, Skorpion und Wassermann, die für ihre Stabilität bekannt sind.

Kardinale Vierheit: Bezieht sich auf die kardinalen Zeichen Widder, Krebs, Waage und Steinbock, die dafür bekannt sind, Veränderungen zu initiieren.

Sonnenbogenrichtungen: Eine Methode zur Vorhersage von Ereignissen, bei der die gesamte Grafik für jedes Jahr um ein Grad nach vorne verschoben wird.

Planetarische Knoten: Punkte, an denen die Umlaufbahn eines Planeten die Ekliptik kreuzt, was auf eine karmische Bedeutung hinweist.
Großes Kreuz: Ein Aspektmuster, an dem vier Planeten in Quadratur und

Opposition beteiligt sind, was zu erheblichen Spannungen und Herausforderungen führt.

Große Konjunktion: Das Zusammentreffen von Jupiter und Saturn, das etwa alle 20 Jahre stattfindet, markiert bedeutende Veränderungen in der Gesellschaft.

Konjunktion (Quincunx): Ein Aspekt, bei dem zwei Planeten 150 Grad voneinander entfernt sind, was auf Anpassung und Integration hinweist.

Harmonik: Eine Methode zur Unterteilung des Tierkreises, um tiefere Bedeutungen und Verbindungen zu finden.

Asteroiden: Kleine Himmelskörper wie Chiron, Ceres, Juno, Vesta und Pallas Athena, die dem Geburtshoroskop besondere Einflüsse verleihen.

Sonnenfeuer: Eine beliebte astrologische Software zur Erstellung und Deutung von Horoskopen.

Planetenrückkehr: Wenn ein Planet in dieselbe Position zurückkehrt, in der er sich bei der Geburt befand, markiert dies bedeutende Zyklen im Leben.

Synodischer Zyklus: Der Zeitraum zwischen aufeinanderfolgenden Konjunktionen eines Planeten mit der Sonne.

Cazimi: Wenn sich ein Planet im Herzen der Sonne befindet, innerhalb von 17 Bogenminuten, gilt dies als eine Position großer Stärke.

Unter den Strahlen der Sonne: Wenn ein Planet weniger als 17 Grad von der Sonne entfernt ist, gilt er als geschwächt.

Verbrennung: Wenn ein Planet weniger als 8 Grad von der Sonne entfernt ist, wird er als sehr geschwächt angesehen.

Rückkehr der **Mondphase**: Die Rückkehr des Mondes in dieselbe Phase, in der er sich bei der Geburt befand, was monatlich geschieht.

Neumond: Die Phase, in der sich der Mond zwischen Erde und Sonne befindet, symbolisiert einen Neuanfang.

Abnehmender Mond: Die Phase, in der der Mond sein Licht abnimmt, symbolisiert Befreiung und Besinnung.

Mondsichel: Die Phase, in der der Mond sein Licht verstärkt, symbolisiert Wachstum und Entwicklung.

Progressiver Mond: Die Bewegung des Mondes in progressiven Horoskopen, die das emotionale Wachstum widerspiegeln.

Stundenastrologie: Zweig der Astrologie, der sich mit der Beantwortung bestimmter Fragen beschäftigt, indem er ein Horoskop für den Zeitraum erstellt, in dem die Frage gestellt wird.

Wahlastrologie: Auswahl des besten Zeitpunkts für den Beginn einer Tätigkeit oder eines Projekts auf der Grundlage astrologischer Prinzipien.

Weltliche Astrologie: Das Studium von Weltereignissen und Ländern mit Hilfe astrologischer Techniken.

Berufsastrologie: Die Verwendung der Astrologie zur Bestimmung der beruflichen Laufbahn und des beruflichen Erfolgs.

Medizinische Astrologie: Analyse der Gesundheit und möglicher Krankheiten auf der Grundlage des Geburtshoroskops.

Rektifikation: Bestimmung des genauen Geburtszeitpunkts, wenn dieser nicht bekannt ist, anhand von Lebensereignissen und astrologischen Methoden.

Hauptrichtungen: Eine Vorhersagetechnik, die auf der Erdrotation basiert.

Astrokartographie: Technik zur Ermittlung der besten Orte auf der Welt für eine

Person auf der Grundlage ihres Geburtshoroskops.

Zodiakalische Freigabe: Eine uralte Zeitmessungstechnik, die die Spitzenzeiten des Lebens in verschiedenen Bereichen anzeigt.

Glückslot: Sensibler Punkt im Horoskop, der mit Glück und Wohlstand zu tun hat.

Heliozentrische Astrologie: Astrologie, die davon ausgeht, dass sich die Sonne im Zentrum des Sonnensystems befindet und nicht die Erde.

Geozentrische Astrologie: Traditionelle Astrologie, die davon ausgeht, dass sich die Erde im Zentrum des Sonnensystems befindet.
Siderischer Tierkreis: auf die Fixsterne ausgerichtetes Tierkreissystem, das in der vedischen Astrologie verwendet wird.

Tropischer Tierkreis: Das in der westlichen Astrologie am weitesten verbreitete Tierkreissystem, das auf den Jahreszeiten basiert.

Dispositor: Der Planet, der das Zeichen regiert, in dem sich ein Planet befindet, und der dessen Ausdruck beeinflusst.

Via Combusta: Abschnitt des Tierkreises vom 15. Grad der Waage bis zum 15. Grad des Skorpions, der traditionell als bösartig gilt.

Partien: exaktes Aussehen, kein Unterschied im Grad.

Jährliche Prophezeiungen: Vorhersagetechnik, die jedem Lebensjahr ein anderes Haus zuordnet.

Vorgeburtliche Sonnenfinsternis: die letzte Sonnen- oder Mondfinsternis vor der Geburt eines Menschen, die als bedeutsam für dessen Lebensweg angesehen wird.

Ein weiteres Templum Dianae-Buch für Sie

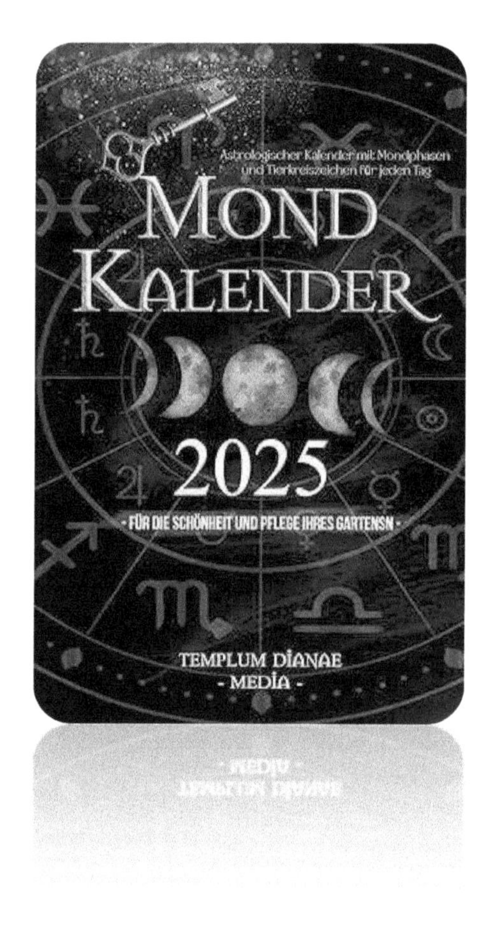

https://www.amazon.de/Mondkalender-2025-Astrologischer-Mondphasen-Tierkreiszeichen/dp/B0DFLY7W5K

das buch der zeugnisse

was Leserinnen über die Bücher von Templum Dianae sagen.
(in allen Sprachen)

Marruskaa

Bella scoperta

Recensito in Italia il 12 agosto 2024

Il testo è scritto in modo chiaro e scorrevole, perfetto per principianti! Quando mi sono avvicinata a questo tipo di mondo all'inizio non avevo ben capito cosa fossero e a cosa servissero. Tuttavia, il loro fascino mi ha spinto a continuare cercare di capire, finché non ho trovato questo libro. Ora tengo questo tomo sempre sul mio comodino e non posso più farne a meno! Davvero consigliato!

Jamie L.

Learn about powerful archetypes and how to use them for yourself!

Reviewed in the United States on October 12, 2024

Verified Purchase

This book gives a comprehensive overview of dark goddesses from different times and regions--Egyptian, Slavic, Roman, Greek, etc.

It gives enough information about each that you can feel into which one speaks to you at different times in your life.

I've often heard people talk about "working with" goddesses or goddess energies and I had no idea what that meant or how to do it! This book provides different ways to do this--like specific rituals or practices (and there's even a guided meditation with a link to an MP3 file included!) so you can not only learn about the goddesses but also start to incorporate different practices to begin working with them for your own personal transformation.

Rose Anderson

Beautifully written and immensely powerful

Reviewed in the United States on October 8, 2024

Verified Purchase

What a wonderful gift for any modern-day witch or pagan—and everyone else, too.

The first part of "Wicca Lunar Calendar—2025" offers insight for living in these times, self-care, and even wisdom of the cosmos—for a start. It then goes through every month of 2025 in almanac style, with the cycles of the moon, the holidays, and more. There's also a glossary at the end.

It's beautifully written and immensely powerful.

dorawatson96

nützlich für diejenigen, die sich Wicca nähern

Bewertet in Deutschland am 1. Oktober 2024

Ich habe mich dieser Welt im letzten Jahr genähert und habe diesen Kalender in meiner Bibliothek. Ich finde ihn sehr nützlich als Unterstützung auf diesem Weg, den ich eingeschlagen habe

Narnya

Sehr interessant

Bewertet in Deutschland am 12. Oktober 2024

Verifizierter Kauf

Endlich eine gute Beschreibung über Samhain. Zur Erinnerung.
Ich werde das Buch weiter meinen Kindern auch empfehlen.
Vielle Dank ☆

Geneviève

Très intéressant

Avis laissé au Canada le 1 mars 2024

Achat vérifié

Grand calendrier lunaire, très complet et beaucoup d'explications intéressantes. Parfait pour associer au livre de wicca magie blanche.

Steven H.

Una Guía Completa de la Numerología Antigua y los Números Angelicales

Reviewed in the United States on August 1, 2024

"La Numerologia degli Antichi - Numerologia Caldea e Numeri Angelici" es una compilación excepcional para cualquiera fascinado por el mundo místico de los números. Este paquete 3 en 1 cubre los detalles intrincados de la numerología, el significado de los números angelicales y los sistemas de numerología antigua, ofreciendo una exploración completa y atractiva de estos temas.

El autor proporciona tablas, cálculos y explicaciones claras y detalladas, haciendo que los conceptos complejos sean accesibles tanto para principiantes como para entusiastas experimentados de la numerología. Cada sección está bien estructurada, permitiendo a los lectores seguir fácilmente y aplicar el conocimiento a sus propias vidas.

Ana J

La Influencia de la Luna

Reseñado en Estados Unidos el 8 de septiembre de 2024

Compra verificada

Este libro trata de las fases de la luna a la vida moderna, cubriendo todo, desde las rutinas de belleza hasta la jardinería. Al crecer, a menudo escuchaba a los mayores hablar sobre cómo la luna influía en la agricultura y los animales, y este libro refleja esas tradiciones. Las secciones de las fases lunares ofrecen informacion sobre cómo aprovechar la energía lunar para tener resultados óptimos en la jardinería y de belleza. Es una guia interesante para quienes buscan alinear muchas de sus rutinas con la naturaleza.

Sarah Barry

Practical exercises

Reviewed in the United States on September 30, 2024

Verified Purchase

"Twin Flames: Love Yourself and Manifest Ultimate Love" provides practical exercises for healing emotional blocks and attracting love through the Law of Attraction. Worth reading for those seeking self-love and deeper connections.

Daphne H

Muy bueno!

Reseñado en Australia el 15 de septiembre de 2024

Compra verificada

Cuidar el jardín a través de los movimientos de la luna es una idea genial, ya que en la naturaleza todo está conectado y sin duda los ciclos lunares pueden influir tanto positiva como negativamente. El libro incluye un montón de tips de los cuáles tomé nota.

Regina Stone

Always been curious...

Recensito negli Stati Uniti il 28 settembre 2024

Acquisto verificato

I'll be honest: I'm not sure I am the intended audience for this book.

I've never been a firm believer in astrology, but my lifelong curiosity drew me to "Moon Calendar 2025."
It was a fascinating read overall, very interesting even if not 100% convincing to my cynical nature.

I would have given it 5 stars but I did find the book a little too sophisticated a launching point for readers new to astrology. However, if this is not an introduction for you - and you are a believer - then I think you will find value in these pages.

Inhalt inklusive

Herzlichen Glückwunsch zum Erhalt dieses Buches!
Wenn Sie mehr Liebe und Fülle anziehen und manifestieren und Themen und Spiritualität entdecken möchten, treten Sie der Templum Dianae Gemeinschaft bei und erhalten Sie geführte Meditations-MP3s, um Ihr inneres Selbst zu erwecken.

Diese geführte Meditation dient dazu, Ihren inneren Traum im Alltag zu manifestieren.

Folgen Sie diesem Link
templumdianae.com/de/bookmp3/

Bibliographische Referenzen
und empfohlene Lektüre

- **Chaldäische Numerologie** - Templum Dianae Media - 2024
- **Die Zahlen der Engel** - Templum Dianae Media - 2023
- **Astrologie** - Templum Dianae Media 2024

Milton Keynes UK
Ingram Content Group UK Ltd.
UKHW021847231124
451423UK00001B/274

9 798227 896834